Análisis Bibliométrico del Trabajo Social Internacional Basado en Mapas de Ciencia

Mª Angeles Martínez Sánchez

Granada, Octubre de 2014

Prólogo

Este libro presenta un análisis bibliométrico del área de Trabajo Social Internacional usando mapas de ciencia y teniendo en cuenta las bases de datos bibliográficas de referencia internacional que edita Thomson Reuters, es decir, el Web of Science y el Journal Citation Reports de Social Sciences. Para ello usamos el software bibliométrico Scimat que nos permite descubrir las temáticas principales existentes en Trabajo Social así como su evolución científica conceptual. Para ello usamos como referencia las publicaciones del área y las citas generadas de acuerdo al Web of Science.

Índice

1. Introducción

La bibliometría es un conjunto de métodos utilizados para analizar textos e información, normalmente en un conjunto grande de datos. Esta ciencia se ha utilizado para la evaluación de la investigación cuantitativa en la producción académica, pero está empezando a ser utilizada para la investigación. Estos métodos se pueden utilizar para explorar:

- El impacto de un campo

- El impacto de un conjunto de investigadores

- El impacto de un documento en particular

Además, con el uso de la Bibliometría para la caracterización de un campo podemos optimizar la asignación de la investigación, reorientar un apoyo a la investigación, racionalizar las organizaciones de investigación, restringir la investigación en campos particulares, o aumentar la productividad de la investigación.

El uso de indicadores bibliométricos es una de las claves para lograr estos objetivos. Existen dos procedimientos principales en bibliometría.

- Análisis de rendimiento

- La ciencia de mapeo.

Los Análisis de rendimientos se utilizan para evaluar grupos de agentes científicos y el impacto de su actividad. La ciencia Cartográfica se utiliza para mostrar los aspectos estructurales y dinámicas de la investigación científica. Utilizamos ambos procedimientos, pero el análisis principal se centra en la ciencia del mapeo.

La ciencia Cartográfica es una representación espacial de las disciplinas, campos, especialidades, documentos o autores individuales que están relacionados entre sí. A través de ella, puede representar un campo científico y delimitar las áreas de investigación para determinar su cognitiva estructura y su evolución.

Recientemente, se ha observado un incremento en las publicaciones y los intereses relacionados en Trabajo Social. Debido a este hecho, quiero analizar la situación real de este tema entre las publicaciones científicas. Para realizarlo, se combinan el análisis de rendimiento y la ciencia de la cartografía. Esto nos permite cuantificar y visualizar la evolución temática del campo.

2. Propósito

El objetivo principal de este estudio es caracterizar "El Trabajo Social Internacional". Los objetivos para conseguirlo son:

- Delimitar el campo de investigación utilizando diferentes métodos bibliométricos. Estos métodos nos permiten analizar la situación y evolución del campo internacionalmente

- Llevar a cabo un análisis conceptual a nivel internacional.

- Dibujar la evolución temática del Trabajo Social Internacional.

3. Métodos bibliométricos basados en mapas de ciencia

La Bibliometría consiste en el uso de distintos indicadores matemáticos y estadísticos para estudiar publicaciones de investigaciones científicas. Estas medidas satisfacen las necesidades de cuantificar diferentes aspectos de la ciencia y permiten objetivar y comparar la actividad científica. Mediante el análisis de los indicadores bibliométricos podemos tener una idea de la investigación científica en un campo relacionado con la producción bibliográfica en diferentes períodos de tiempo.

La Bibliometría colabora con los textos y la información acerca de las publicaciones científicas, especialmente en grandes conjuntos de datos. Como se indica más arriba, bibliometría es cuantificar la actividad científica y se pueden utilizar diferentes métodos para estudiar el impacto de un conjunto de investigadores (grupos de investigación, las instituciones, los países) o el impacto de un trabajo en particular.

En bibliometría, hay dos procedimientos para explorar un campo de investigación: el rendimiento análisis y mapeo de la ciencia. El análisis evalúa los grupos de agentes científicos y el impacto de su actividad. Dentro de la cartografía se está mostrando la estructura y el aspecto dinámico de la investigación científica, que delimita un campo de investigación, y que cuantifica la visualización de los subcampos detectados.

Esta sección está organizada en diferentes apartados:

- La sección 3.1 ofrece una breve visión de diferentes indicadores bibliométricos.

- La sección 3.2 describe los fundamentos de los mapas de ciencia.

- La sección 3.3 se presentan las características de presentación de la herramienta SciMat.

3.1 Indicadores bibliométricos

Los indicadores bibliométricos son medidas utilizadas para evaluar de manera objetiva y científica actividades tecnológicas. Principalmente, este tipo de indicadores han tenido como el objetivo dar valor científico por medio de resultados cuantitativos y cualitativos.

Estos indicadores se pueden clasificar en tres grandes bloques:

- **Indicadores de producción:** Su objetivo es contar las publicaciones de diferentes agentes científicos, en vista de las publicaciones como los documentos que propagan de manera formal y por canales públicos. Estos indicadores se utilizan para cuantificar las publicaciones, pero sí no consideran aspectos como la calidad o el contenido. Los indicadores más utilizados son:

  - Número de publicaciones

- El porcentaje de publicaciones en una base de datos

- El lenguaje y tipo de distribución

- Idioma de publicación

- El nivel básico/práctico

- **Indicadores de impacto:** La mayoría de los indicadores se basan en contar el número de citas recibidas por los documentos o publicaciones.

  Se pueden dividir:

  - Indicadores de factor de impacto

  - Indicadores citados de base recibidos de documentos

  En primer lugar, se basan en el número de citas recibidas en los dos últimos años. Por esta razón, estos indicadores tienen en cuenta la calidad de las revistas. En segundo lugar, representa el impacto de un documento o conjunto de documentos en particular, publicado por un autor, institución, etc...

- **Indicadores de colaboración:** Estos indicadores cuantifican la colaboración en la producción científica y están basados en los autores y las firmas de las instituciones. Estos indicadores nos permiten observar el flujo de la producción científica.

3.2 Mapas de Ciencia

La Ciencia de la Cartografía nos permite obtener una representación espacial de cómo las disciplinas, los campos, las especialidades y los documentos o autores individuales están relacionados entre sí. Con el uso de la ciencia de la cartografía podemos monitorizar un campo científico y delimitar áreas de investigación para determinar su estructura cognitiva y su evolución.

En la asignación de la ciencia, existen diferentes aspectos que tenemos que describir:

a) **Las fuentes de datos**

Hay varias bases de datos bibliográficas cuya línea de trabajo son trabajos científicos y que almacenan citas. Entre estas bases de datos bibliográficas, las más importantes son ISI(WoS http://www.webofknowledge.com), Scopus (http://www.scopus.com),Google (Erudito http://scholar.google.com) y NLM MEDLINE (http://www.ncbi.nlm.nih.gov/PubMed). Cada base de datos abarca los campos de la ciencia y las revistas de diferente manera. Tenemos que seleccionar la base de datos bibliográficas que cubre nuestra necesidades de información y nos permite trabajar con la mejor posible.

b) Unidades de análisis

Por lo general, las unidades de análisis en la ciencia de la cartografía son periódicas, documentos, referencias citadas, autores, términos o palabras descriptivas. Las palabras pueden ser seleccionadas del título, resumen, cuerpo de los documentos, o algunas combinaciones de ellos.

Además, podemos seleccionar palabras claves o palabras clave del autor indexado por las fuentes de datos bibliográficas como palabras para analizar.

Se estableció la relación entre las unidades de análisis que utilizan como datos de co-ocurrencia. Es decir, la similitud entre las unidades de análisis, se mide generalmente contando las veces en las que dos unidades aparecen juntos en los documentos. A través de la vinculación directa para obtener las relaciones entre las unidades. Por otra parte, el acoplamiento bibliográfico se utiliza para analizar la estructura intelectual de un campo de la investigación científica. La diferencia entre el acoplamiento bibliográfico y co-citado es que el acomplamiento bibliográfico es una relación fija y permanente, ya que depende de las referencias contenidas en los documentos unidos, en tanto que la co-citación variará con el tiempo.

Estas relaciones se pueden representar como un gráfico de red, donde las unidades son los nodos y las relaciones entre ellos representan un borde entre dos nodos. Los diferentes aspectos de un campo de investigación se pueden analizar en función de las unidades seleccionadas de análisis.

c) Los datos de pre-procesamiento

Normalmente, los datos recuperados de las bases de datos bibliográficas contienen errores, por ejemplo, faltas de ortografía en el nombre del autor, título de la revista, o en la lista de referencia. Por otra parte, a veces hay que añadir la información a los datos originales, debido que están incompletos. El pre-paso del proceso es muy importante, ya que sin el no podemos aplicar el análisis de ciencia cartográfica directamente a los datos recuperados. Este proceso mejora la calidad de las unidades de análisis.

Los procesos de tratamiento previo, que podemos aplicar para preparar los datos son los siguientes:

- La detección de elementos duplicados y faltas de ortografía (nombre de autor, sinónimos, acrónimos, etc...).

- Dividir los datos en diferentes períodos de tiempo o intervalos de tiempo, para analizar la evolución del campo de investigación en estudio.

- La Reducción de datos tiene como objetivo seleccionar los datos más importantes (artículos más citados, la mayoría de autores productivos, diarios con las mejores medidas de rendimiento, etc.).

- Seleccionar los nodos más importantes de la red de relaciones entre las unidades de análisis de acuerdo con diferentes medidas, la eliminación de los nodos aislados, la eliminación de los enlaces menos importantes entre los nodos, etc...

d) Proceso de Normalización

Cuando la red de relaciones se ha construido, se aplica una transformación los primeros datos para normalizarla. Diferentes medidas de similitud se han utilizado en la literatura, las más populares es el coseno de Salton, Índice de Jacquard, Índice de equivalencia y la fuerza de asociación, que también se conoce como Índice de proximidad o probabilístico, Índice de Afinidad.

La normalización de texto establece una ponderación a cada término en función de su importancia en el corpus. Diferentes medidas de normalización de texto se pueden aplicar: tf.idf, análisis de semántica latente, pruebas de coeficiente de log-likehood, índice de sesión de entropía, información mutua, etc.

e) Paso de mapeo

Este paso es el más importante. Es responsable de construir el mapa mediante la aplicación de un algoritmo de mapeo a toda la red formada utilizando las relaciones entre las unidades seleccionadas de análisis.

Se han propuesto diferentes técnicas para construir el mapa. Técnicas de reducción de dimensionalidad, como el análisis de componentes principales o MDS es utilizado para transformar la red en un espacio de pocas dimensiones (a menudo dos dimensiones). Se utiliza un algoritmo de clustering para realizar la detección de la comunidad. Recientemente, algunos autores han propuesto nuevas y diferentes algoritmos de agrupamiento para llevar a cabo esta tarea: Streemer, la agrupación espectral, la maximización de la modularidad y remuestreo bootstrap con una importante agrupación, entre otros. Por último, las redes Pathfinder se utilizan para identificar la columna vertebral de la red. Por otra parte, la minería en general gráfica o técnicas de análisis de redes sociales se pueden utilizar en el paso de asignación.

f) Métodos de análisis

Una vez que el mapa se ha construido, diferentes análisis se pueden aplicar para obtener una útil información sobre el mapa dibujado.

El análisis de redes nos permite realizar un análisis estadístico sobre el mapa generado en el paso anterior, por ejemplo, el número total de nodos, aislados linfáticos, de grado medio, componentes débilmente conectados, o densidad gráfica sean medido. El análisis puede llevarse a cabo para obtener medidas cuantitativas o cualitativas de cada cluster.

El Análisis temporal es otro importante análisis que se puede realizar, cuyo objetivo es analizar la evolución del campo de la investigación a través de diferentes períodos de tiempo.

Detección Burst es un tipo de análisis temporal. Sus objetivos son encontrar características que tienen una alta intensidad con duraciones finitas de períodos de tiempo. Un algoritmo se describe para resolver este problema.

Por último, el análisis geoespacial permite detectar que algo sucede y nos indica cuál es el impacto en las áreas vecinas. Estos datos normalmente se extraen de la afiliación de datos.

g) **Las técnicas de visualización**

Cuando se han generado las salidas del análisis, las técnica de visualización empleada es muy importante para una buena comprensión y una mejor interpretación.

Las redes y subredes detectadas en la fase de asignación se pueden representar mediante mapas heliocéntricos, modelos geométricos y redes temáticas. Otro tipo de mapas consiste en representar un mapa donde la distancia entre los dos elementos refleja la fuerza de le relación entre ambos. Una distancia menor generalmente indica relación más fuerte.

Si se aplica la detección de la comunidad, los diferentes grupos detectados pueden clasificarse utilizando un diagrama estratégico. Un diagrama estratégico extrae del espacio tridimensional construido por temas de trazado de acuerdo con diferentes medidas utilizando un análisis post red.

Para mostrar la evolución de los cúmulos detectados en períodos sucesivos, se han utilizado diferentes técnicas:

- Cadena de clústeres

- Laminados clustering

- Los diagramas de aluviales

- Visualización de áreas temáticas

Por lo general, los resultados geoespaciales se visualizan en un mapa temático.

h) **La interpretación de los resultados.**

Cuando el analista obtiene los datos es necesario interpretar los datos. Esta interpretación se realiza utilizando la experiencia analista en el conocimiento.

El analista descubre y extrae conocimiento útil que podría ser utilizado para hacer decisiones sobre las políticas a implementar.

3.3 Scimat

Utilizaremos una herramienta para llevar a cabo el análisis de cartografía científica, SciMat, que combina las dos herramientas de análisis de rendimiento y herramientas de mapeo de ciencias para analizar un campo de investigación, para detectar y visualizar sus subdominios conceptuales y la evolución de su temática. Esta herramienta nos permite llevar a cabo estudios de mapeo de la ciencia bajo un marco longitudinal. Detección de una lista de palabras clave importantes que construyen un gráfico donde las palabras clave son los nodos y los bordes entre ellos representan sus relaciones.

Las principales características de SciMat son:

- Incorpora todos los módulos necesarios para llevar a cabo todos los pasos del flujo de trabajo del mapeo de la ciencia, que puede ser configurado en ad hoc. Ayuda a que el analista lleva a cabo los diferentes pasos de flujo de trabajo del mapeo, la ciencia de la carga de datos y de procesamiento previo de os datos a la visualización e interpretación de los resultados.

- Incorpora métodos para construir los mapas usando algoritmos de clustering y diferentes técnicas de visualización útiles para la interpretación de las salidas de información de SciMat.

- Implementa una amplia gama de herramientas de pre-procesamiento, tales como la detección de duplicados y artículos mal escritos, el tiempo de corte, y los datos y la reducción de la red.

- Permite al analista realizar un análisis de asignación de la ciencia longitudinal que se utiliza como marco para analizar y realizar un seguimiento de la evolución conceptual, intelectual o social de un campo de investigación a través del curso de períodos de tiempo consecutivos.

- Construye mapas de la ciencia enriquecidos con medidas bibliométricas sobre la base de las citas tales como la suma, máximo, mínimo y promedio de citas. Además SciMat utiliza índices bibliométricos avanzados como índice h, g-índice, hg-índice y q2-index.

Herramienta SciMat tiene cuatro fases para analizar los temas de la evolución temática de un campo de la investigación:

1. ***Para detectar las subestructuras contenidas en el campo de investigación.***

Este proceso se divide en cinco pasos:

- Colección de datos en bruto.

Para recoger los datos en bruto que tenemos que obtener todo la documentación publicada sobre el campo. Utilizaremos la base de datos ISI WoS. Es muy importante utilizar una consulta de palabras clave descriptivas para recoger tantos documentos como sea posible. Una vez que tengamos todos los datos en bruto, tenemos que dividirlo en diferentes particiones con el fin de analizar la evolución del campo de la investigación a través de los años.

- La selección del tipo de elemento a analizar.

En nuestro caso, usamos las palabras clave (palabras clave de autores, revistas, indexación como ISIWoS palabras clave Plus) presentan en los documentos seleccionados. Un proceso de normalización se lleva a cabo antes de este sobre las palabras claves, donde las formas plurales y singulares de las palabras clave se unen. Los acrónimos también se unen con las respectivas palabras claves.

- Extraer la información relevante de los datos en bruto.

Para este método, la información relevante consiste en la concurrencia de las palabras clave. Se extrae la frecuencia de concurrencia de dos palabras clave del corpus de documentos en los que las dos palabras aparecen juntas.

- El cálculo de similitudes entre los elementos basados en la información obtenida.

En este paso tenemos que calcular el índice de equivalencia de palabras clave

$eij : eij = \dfrac{c2ij}{ci.cj}$. En donde cij es el número de documentos en los que dos palabras claves i y j concurrente, y ci y cj representan el número de documentos en los que aperecen cada uno de ellos. Cuando las palabras clave aparecen siempre juntas, el índice de equivalencia es igual a la mitad; cuando nunca se asocian, es igual a cero.

- El uso de una agrupación de algoritmos para detectar los temas.

Se basa en un proceso de agrupamiento para localizar los subgrupos de palabras clave que están estrechamente vinculadas entre sí y que corresponden a los centros de interés o problemas de investigación que son objeto de una importante inversión de investigación. Agrupamos palabras clave en temas utilizando sencillos algoritmos de centros. Un post-proceso, que devuelve automáticamente grupos de etiquetados, por lo que etiquetar los grupos no es necesario.

Dos palabras clave que aparecen con poca frecuencia en el corpus, pero siempre aparecen juntas tendrán valores de resistencia mayores que las palabras claves que aparecen muchas veces en el corpus casi siempre juntas por lo tanto son asociaciones débiles que pueden llegar a dominar la red. El algoritmo simple de centros resuelve este problema mediante el uso de diferentes parámetros: la frecuencia mínima y los umbrales de concurrencia. Sólo los pares de palabras clave que superen estos umbrales se consideran posibles vínculos mientras que la construcción de redes durante el primer paso del algoritmo. Por otra parte, el algoritmo tiene dos parámetros para limitar el tamaño de los temas detectados: El tamaño mínimo y máximo de las redes.

2. *Para construir diagramas estratégicos*

A través del proceso de agrupación se obtiene un conjunto de redes interconectadas o temas. Entonces, en este contexto cada red de palabras clave o tema se pueden caracterizar por dos parámetros

- Centralidad: Mide el grado de interacción de una red con otras redes y se puede definir como: $c = 10 * \sum e_{kh}$, con k una palabra que pertenece al tema y h una palabra que pertenece a otros temas. La centralidad mide la fuerza de los vínculos externos a otros temas. Podemos entender este valor como una medida de la importancia de un tema en el desarrollo de todo el campo de investigación analizado.

- Densidad: Mide la fuerza interna o de la red y se puede definir como:
$$d = 100 \frac{\sum e_{ij}}{w}$$, Con i y j palabras clave que pertenecen al tema y w el número de palabras claves en el tema. La densidad mide la fuerza de los lazos internos entre todas las palabras clave que describen el tema de investigación. Este valor puede ser entendido como una medida del desarrollo del tema.

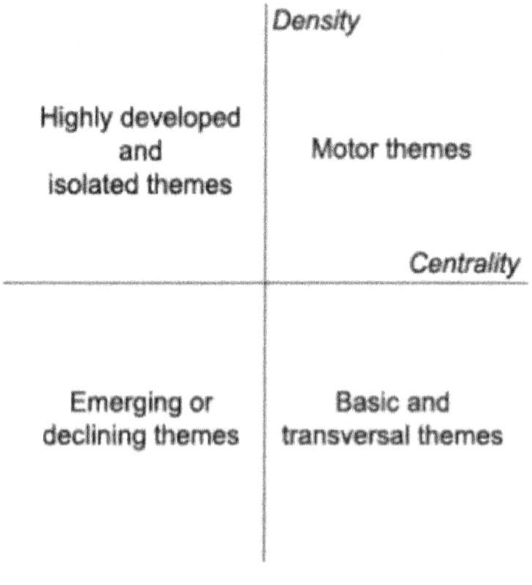

Figura 1. El diagrama estratégico, la red temática

Un Diagrama estratégico es una espacio bidimensional construido por temas de trazado según su centralidad y valores de rango de densidad. Como un ejemplo, en la figura 1 se presenta un diagrama estratégico. Por lo tanto, con los dos parámetros de un campo de investigación puede ser entendido como un conjunto de los temas de investigación, trazado en un espacio de dos dimensiones y clasificados en cuatro grupos:

- Temas en el cuadrante superior derecho son importantes para la estructuración de un campo de investigación. Se les conoce como los temas-motores de la especialidad dado que presentan una fuerte centralidad y de alta densidad.

- Temas en el cuadrante superior izquierdo tienen buenos vínculos internos, estos presentan relaciones exteriores sin importancia, y también lo son de una importancia pequeña para el campo. Estos temas son muy especiales.

- Temas en el cuadrante inferior izquierdo son temas débilmente desarrollados y marginales. Los temas de este cuadrante tiene una baja densidad y baja centralidad.

- Temas en el cuadrante inferior derecho son importantes para un campo de investigación, pero no están muy desarrollados.

En un tema las palabras clave y sus interconexiones dibujan un gráfico de la red, llamada red temática (Fig.2).

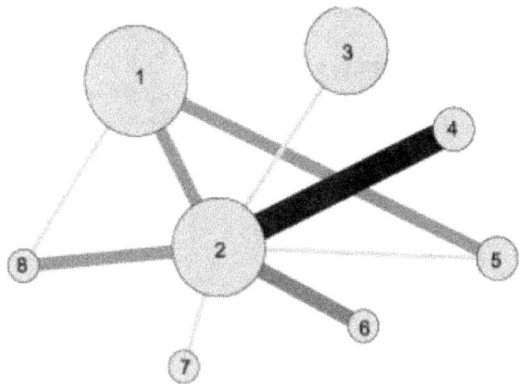

Figura 2. Red Temática

Además, los diagramas estratégicos pueden ser enriquecidos mediante la adición de una tercera dimensión en ordenar para mostrar más información. Así, por ejemplo, los temas pueden ser representados como una esfera, su volumen es proporcional cuantitativamente (o cualitativamente) de datos, tales como, por ejemplo, el número de documentos relacionados con el tema o el número de citas recibidas por los documentos relacionados con el tema.

3 Para detectar las áreas temáticas.

Se analiza la evolución de los temas detectados a través de los diferentes subperíodos estudiados, con el fin de detectar las principales áreas temáticas generales del campo de la investigación, sus orígenes y sus interrelaciones. SciMat se basa en el Índice de inclusión para detectar un nexo conceptual entre los temas de diferentes épocas y , de esta manera, para identificar las áreas temáticas en un campo de investigación. Por lo tanto, un área temática se define como un grupo de temas se desarrollaron en distintos subperiodos. Tenga en cuenta que, dependiendo de las interconexiones entre ellos, un tema podría pertenecer a un área temática diferente, o no podría venir de cualquiera. En la figura 3 se muestra un ejemplo de una temática de evolución de mapa bibliométrico se muestra a través de dos períodos de tiempo. Las líneas continuas (Linea 1 y 2), significa que los temas vinculados comparten el mismo nombre: ambos temas son marcados con las mismas palabras clave y la etiqueta de un tema es parte de otro tema (nombre del tema $\in$ {Nexos temáticos}). Una línea de puntos (línea 3), significa que los temas comparten elementos que no son los nombres de los temas (nombre de los temas $\notin$ {Nexos temáticos}). El espesor de los bordes es proporcional al índice de inclusión, y el volumen de las esferas es proporcional al número de documentos publicados asociados con el tema. A continuación, podemos observar dos áreas temáticas diferentes delimitadas por diferentes colores-sombras, una compuesta por los temas $ThemeA^1$ y $ThemeA^2$ y los otros compuestos por los temas $ThemeB^1, ThemeB^2$ y $ThemeC^2$. $ThemeD^1$ es discontinuado, y $ThemeD^2$ está considerado para ser un nuevo tema. A medida que los temas han asociado un conjunto de documentos, las áreas temáticas podrían también tener una colección asociada de documentos obtenidos de la unión de los documentos asociados a su conjunto de temas.

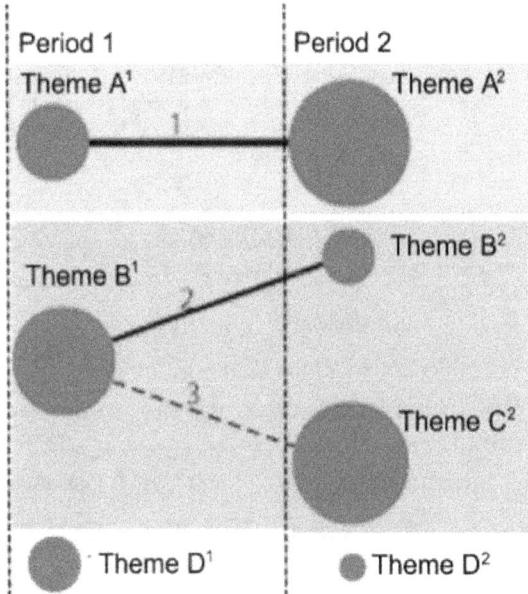

Figura 3. Evolución Temática

4.Para llevar a cabo un análisis de rendimiento.

En esta fase, podemos medir (cuantitativa y cualitativamente) la contribución relativa de temas y áreas temáticas en todo el ámbito de la investigación, la detección de la mayoría de prominentes , y subcampos de mayor impacto productivo. Para ello, se utiliza los siguientes indicadores bibliométicos aplicados a los diferentes temas detectados y áreas temáticas:

- Los números de documentos publicados

- El número de citas recibidas

- El índice h

4. Analisis de trabajo social internacional

Una vez que se describe la metodología, se muestran los resultados obtenidos para analizar el "Trabajo Social". En primer lugar, se describe el conjunto de revistas de la categoría en Trabajo Social que están registradas en la ISI Jornal Citation Reports. Finalmente, se muestran los resultados del análisis conceptual.

4.1 Conjunto de Revistas

En esta sección se muestra el Conjunto de Revistas que están registras en el Journal Citation Report en la categoría de "Trabajo Social".

TITULO	TITULO ABREVIADO	ISSN	PAISES	FACTOR DE IMPACTO	FAC IMP 5
Trauma Violence & Abuse	TRAUMA VIOLENCE ABUS	1524-8380	Trauma Violence & Abuse	3.265	
Child Maltreatment	CHILD MALTREATMENT	1077-5595	United States	2.770	
Child Abuse & Neglect	CHILD ABUSE NEGLECT	0145-2134	United States	2.471	
American Journal of Community Psychology	AM J COMMUN PSYCHOL	0091-0562	United States	1.736	
Research on Social Work Practice	RES SOCIAL WORK PRAC	1049-7315	United States	1.532	
Children and Youth Services Review	CHILD YOUTH SERV REV	0190-7409	United States	1.269	
British Journal of Social Work	BRIT J SOC WORK	0045-3102	England	1.190	
Revista de Cercetare si Interventie Sociala	REV CERCET INTERV SO	1583-3410	Romania	1.186	
Social Work	SOC WORK	0037-8046	United States	1.148	
Journal of Social Policy	J SOC POLICY	0047-2794	England	1.113	
Journal of Social Work	J SOC WORK	1468-0173	England	1.000	
Journal of Community Psychology	J COMMUNITY PSYCHOL	0090-4392	United States	0.985	
Health & Social Work	HEALTH SOC WORK	0360-7283	United States	0.936	
Child & family Social Work	CHILD FAM SOC WORK	1356-7500	England	0.933	

Social Work Research	SOC WORK RES	1070-5309	United States	0.875	1.093
Health & Social Care in the Community	HEALTH SOC CARE COMM	0966-0410	England	0.862	1.224
Journal of Social Work Education	J SOC WORK EDUC	1043-7797	United States	0.768	1.113
Children & Soc	CHILD SOC	0951-0605	England	0.730	
	SOC SERV REV	0037-7961		0.721	1.318
Family Relations	FAM RELAT	0197-6664	United States	0.680	1.444
Affilia-Journal of Women and Social Work	AFFILIA J WOM SOC WO	0886-1099	United States	0.649	0.725
Social Work in Health Care	SOC WORK HEALTH CARE	0098-1389	United States	0.620	0.686
European Journal of Social Work	EUR J SOC WORK	1369-1457	England	0.581	
Social Policy & Administration	SOC POLICY ADMIN	0144-5596	England	0.566	1.034
Child Abuse Review	CHILD ABUSE REV	0952-9136	England	0.556	
International Social Work of Social Welfare	INT J SOC WELF	1369-6866	England	0.543	0.795
Journal of Social Work Practice	J SOC WORK PRACT	0265-0533	England	0.484	0.704
International Social Work	INT SOC WORK	0020-8728	England	0.476	0.535
Australian Social Work	AUST SOC WORK	1447-0748	England	0.466	
Journal of Social Service Research	J SOC SERV RES	0148-8376	England	0.439	0.551
Ljetopis Socijalnog Rada	LJETOP SOC RADA	1846-5412	Croatian	0.371	
Administration in Social Work	ADMIN SOC WORK	0364-3107	England	0.360	0.667
Smith College Studies in Social Work	SMITH COLL STUD SOC	0037-7317	United States	0.357	0.300
Social Work in Public Health	SOC WORK PUBLIC HLTH	1937-1918	United States	0.310	

Families In Society-The Journal of Contemporary Social Services	FAM SOC	1044-3894	United States	0.286
Clinical Social Work Journal	CLIN SOC WORK J	0091-1674	United States	0.274
Australian Journal of Guidance and Counselling	AUST J GUID COUNS	1037-2911	Australia	0.212
Asia Pacific Journal of Social Work and Development	ASIA PAC J SOC WORK	0218-5385	Singapore	0.037

Tabla 1. Información Básica de cada Revista en Trabajo Social

4.2 Conjunto de datos a nivel internacional

En esta sección se muestra en primer lugar la consulta que hemos utilizado en ISI para que esta base de datos nos muestre los resultados esperados. La variable 'SO' hace referencia al nombre de la revista.

En segundo lugar mostramos la consulta:
SO=ADMIN SOC WORK OR SO=AFFILIA J WOM SOC WO OR SO=AM J COMMUN PSYCHOL OR SO=ASIA PAC J SOC WORK OR SO=AUST J GUID COUNS OR SO=AUST SOC WORK OR SO=BRIT J SOC WORK OR SO=CHILD ABUSE NEGLECT OR SO=CHILD ABUSE REV OR SO=CHILD FAM SOC WORK OR SO=CHILD MALTREATMENT OR SO=CHILD SOC OR SO=CHILD YOUTH SERV REV OR SO=CLIN SOC WORK J OR SO=EUR J SOC WORK OR SO=FAM RELAT OR SO=FAM SOC OR SO=HEALTH SOC CARE COMM OR SO=HEALTH SOC WORK OR SO=INT J SOC WELF OR SO=INT SOC WORK OR SO=J COMMUNITY PSYCHOL OR SO=J SOC POLICY OR SO=J SOC SERV RES OR SO=J SOC WORK OR SO=J SOC WORK EDUC OR SO=J SOC WORK PRACT OR SO=LJETOP SOC RADA OR SO=RES SOCIAL WORK PRAC OR SO=REV CERCET INTERV SO OR SO=SMITH COLL STUD SOC OR SO=SOC POLICY ADMIN OR SO=SOC SERV REV OR SO=SOC WORK OR SO=SOC WORK HEALTH CARE OR SO=SOC WORK PUBLIC HLTH OR SO=SOC WORK RES OR SO=TRAUMA VIOLENCE ABUS

4.3 Analisis Cualitativo a nivel Internacional

En esta parte nos centramos en analizar cualitativamente el área de Trabajo Social en la esfera Internacional, de nuevo, teniendo en cuenta las bases de datos bibliográficas de referencia internacional que edita Thomson Reuters, es decir, el Web of Science y el Journal Citation Reports de Social Sciences. Para ello usamos el software bibliométrico Scimat que nos permite descubrir las temáticas principales existentes en Trabajo Social así como su evolución científica conceptual, a nivel internacional. Para ello usamos como referencia las publicaciones del área y las citas generadas de acuerdo al Web of Science.

Un total de 55170 de artículos fueron publicados en 38 revistas relacionadas en "trabajo social" desde 1900 hasta 2012 en todo el mundo.

Para llevar a cabo el análisis cualitativo hemos obtenido las siguientes palabras clave que se muestra en la Tabla 7, teniendo en cuenta las palabras clave válidas que satisfacen los parámetros de Frecuencia Mínima y Min concurrencia.

	Trabajo Social Internacional
Frecuencia Mínima	15
Min concurrencia	15
Nº de Palabras clave	26896

Tabla 2. Datos de Frecuencia Min, Min concurrencia, Nº de Palabras clave

En la Tabla 3 se muestran los temas detectados automáticamente. Estos temas se detectan mediante el análisis de co-ocurrencia y grupo de palabras clave.

Temas detectados automáticamente
FOSTER-CARE
SEXUAL-ABUSE
STRESS
ABUSE
CHILDREN
CHILD-SEXUAL-ABUSE
CARE
EMPOWERMENT
POVERTY
ATTITUDES
HEALTH-CARE
SOCIAL-WORK
DISORDERS
MARRIAGE
WELFARE-STATE
DELINQUENCY
IMPLEMENTATION
HIV/AIDS
MORTALITY
IMMIGRANTS
RACE
INFANTS
ADULTS
GAY
RETENTION

FAMILY-VIOLENCE
ENVIRONMENT
FATHERS
SCHOOL
SOCIAL-WORK-PRACTICE

Tabla 3. Temas detectados automáticamente

Con el fin de analizar los temas más destacados tratados en "trabajo social", construimos en SciMAT dos tipos de diagramas.

En el primer diagrama, se muestra el mapa de la evolución, en el que se puede observar la evolución conceptual de un campo. A través de la interpretación de este mapa, es fácil identificar los temas que se han tratado en todos los períodos.

En el segundo diagrama se muestra el diagrama estratégico. En este caso, podemos observar los temas más importantes, temas básicos y transversales, temas altamente desarrollados y emergentes o en descenso.

Dentro de esta división, el diagrama estratégico se ha representado utilizando dos tipos de diagramas.

En el primer diagrama, el volumen de las esferas es proporcional al número de documentos relacionados con cada tema y en el segundo, es proporcional al promedio de citas recibidas por los documentos en cada tema. La evolución temática es representada mediante la cantidad de esferas que es proporcional al número de documentos relacionados con cada tema.

a) **Diagramas estratégicos**

Analizando los diagramos estratégicos podemos concluir lo siguiente:

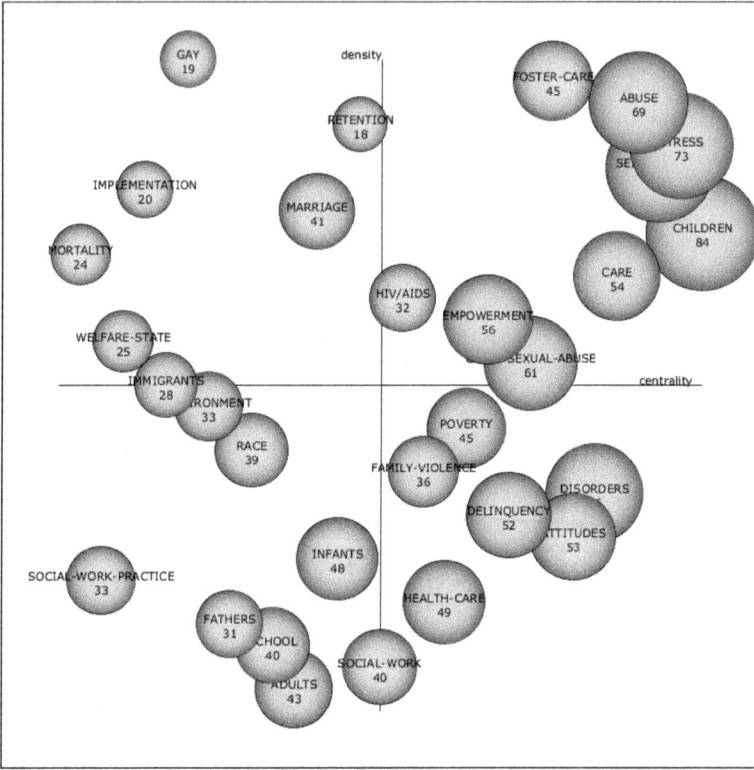

Figura 4. Diagrama estratégico de los diferentes temas en base al índice-h

- Por el índice-h, lo temas CHILDREN (84), SEXUAL-ABUSE (79), EMPOWERMENT (56) son los cuatro temas con índice-h más alto.

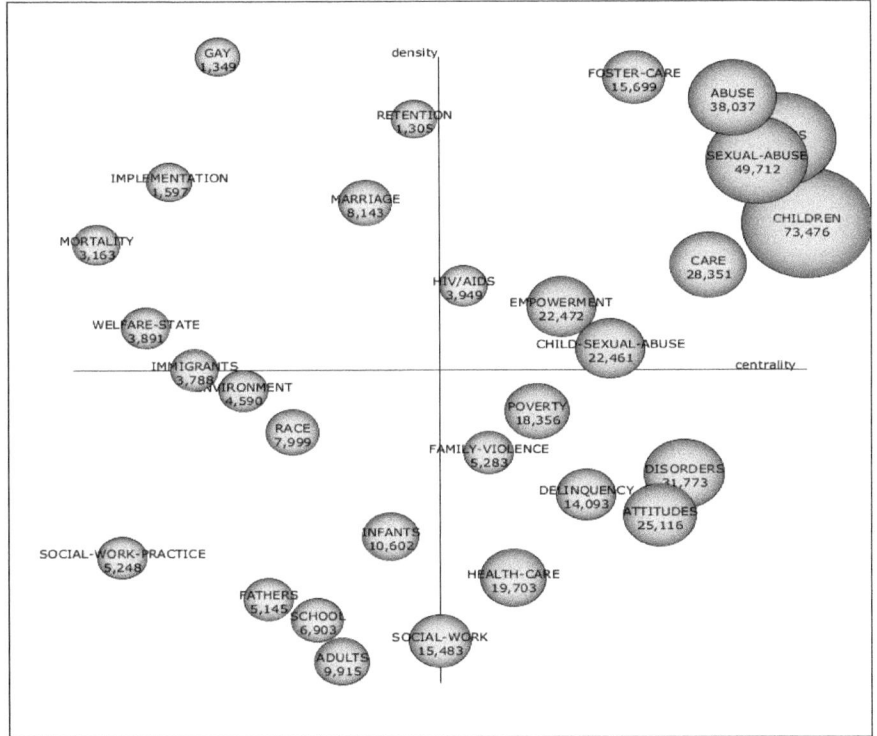

Figura 5. Diagrama estratégico de los diferentes temas en base a sus citas.

- Si tenemos en cuenta las citas, el tema CHILDREN (73476 citas) es el tema más productivo, le sigue STRESS (56322) y SEXUAL-ABUSE (49712 citas).
- SEXUAL-ABUSE, ABUSE, CHILDREN, FOSTER-CARE, CARE, SEXUAL, EMPOWERMENT HIV/AIDS, CHILD-SEXUAL-ABUSE son temas motor ya que presentan una fuerte centralidad y alta densidad.
- POVERTY, FAMILY-VIOLENCE, DELINQUENCY, ATTITUDES, DISORDERS, HEALTH-CARE, son temas basicos y tranversales.
- MARRIAGE, WELFARE-STATE, MORTALITY, GAY, RETENTION, IMPLEMENTATION, son temas altamente desarrollados y aislados ya que presentan una gran densidad y poca centralidad
- IMMIGRANTS se encuentra en la frontera entre los temas altamente desarrollados , aislados y los temas emergentes o en descenso
- ENVIROMENT, RACE, SOCIAL-WORK-PRACTICE, FATHERS, SCHOOL, ADULTS, INFANTS son temas emergente o en descenso porque se caracterizan por tener poca densidad y poca centralidad.
- SOCIAL WORK se encuentra en la frontera entre los temas básicos, tranversales y los temas emergentes o en descenso.

Tema	Número Documentos	Indice-h	Promedio Citaciones	Citaciones
FOSTER-CARE	2072	45	7.57	15699
SEXUAL-ABUSE	3685	78	13.51	49712
STRESS	5177	73	10.87	56322
ABUSE	3216	69	11.82	38037
CHILDREN	6741	84	10.90	73476
CHILD-SEXUAL-ABUSE	1610	61	13.95	22461
CARE	3546	54	8	28351
EMPOWERMENT	2337	56	9.61	22472
POVERTY	2510	45	7.31	18356
ATTITUDES	3043	53	8.25	25116
HEALTH-CARE	2485	49	7.92	19703
SOCIAL-WORK	2675	40	5.78	15483
DISORDERS	2827	66	11.23	31773
MARRIAGE	765	41	10.64	8143
WELFARE-STATE	754	25	5.16	3891
DELINQUENCY	1178	52	11.96	14093
IMPLEMENTATION	199	20	8.02	1597

HIV/AIDS	374	32	10.55	3949
MORTALITY	366	24	8.64	3163
IMMIGRANTS	423	28	8.95	3788
RACE	747	39	10.70	7999
INFANTS	858	48	12.35	10602
ADULTS	1022	43	9.70	9915
GAY	144	19	9.36	1349
RETENTION	198	18	6.59	1305
FAMILY-VIOLENCE	431	36	12.25	5283
ENVIRONMENT	374	33	12.27	4590
FATHERS	539	31	9.34	5145
SCHOOL	528	40	13.07	6903
SOCIAL-WORK-PRACTICE	615	33	8.53	5248

Tabla 4. Resumen de los datos de Trabajo Social Internacionalmente

Analizando la tabla resumen donde se muestra el número de Documentos, el Índice-h, el Promedio de Citaciones y número de Citaciones.

- CHILDREN es el tema con mayor índice-h y el tema con menor índice-h es RETENTION.
- SCHOOL es el tema con mayor promedio en citaciones por lo tanto es un tema emergente ya que en el diagrama estaba en el cuadrante de temas emergente.
- WELFARE-STATE es el tema con menor promedio en citaciones.
- El Tema más citado es CHILDREN y también es el tema con mayor número de documentos.

- El que menos citaciones presenta es GAY y es también el que menos documentos presenta. GAY es un tema altamente desarrollado y aislado ya que tiene pocos documentos y citaciones.

b) Redes temáticas

En esta sección se muestran los temas de mayor importancia, según el número de documentos asociados, las citas y los lugares de los diagramas estratégicos.

1. El tema **Foster-Care**, cuya red temática se muestra en la Figura 6, está relacionado con las palabras clave (o tema): *Placement, Child-Welfare,Out-of-home-care, Reunification, Of-home-care, Kinship-care, Family-Reunification, Permanency, Substitute-Care, Adoption, Outcomes*

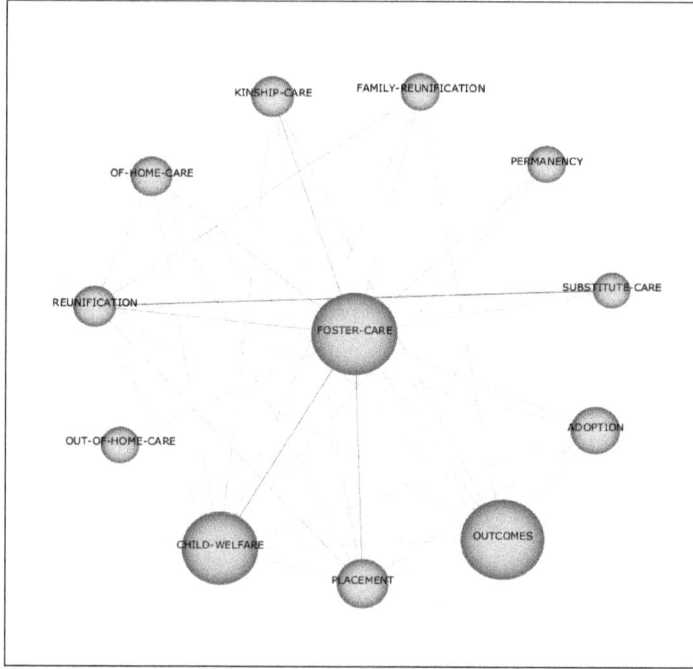

Figura 6. Red temática de FOSTER-CARE

Los tres documentos más citados del tema **Foster-Care**:

DUBOWITZ, H, FEIGELMAN, S, HARRINGTON, D, STARR, R, ZURAVIN, S, SAWYER, R, CHILDREN IN KINSHIP CARE - HOW DO THEY FARE. CHILDREN AND YOUTH SERVICES REVIEW 16:1-2 (1994) 85-106. Times cited: 82

Chandy, JM, Blum, RW, Resnick, MD, Gender-specific outcomes for sexually abused adolescents. CHILD ABUSE & NEGLECT 20:12 (1996) 1219-1231. Times cited: 76

Ryan, JP, Testa, MF, Child maltreatment and juvenile delinquency: Investigating the role of placement and placement instability. CHILDREN AND YOUTH SERVICES REVIEW 27:3 (2005) 227-249. Times cited: 73

2. El tema **Sexual-Abuse**, cuya red temática se muestra en la Figura 7, está relacionado con las palabras clave (o tema): *Women, Maltreatment,Prevalence,Child-Abuse,Physical-Abuse,Victimization,Dissociation,Credibility,Incest,Disclosure,Victims*

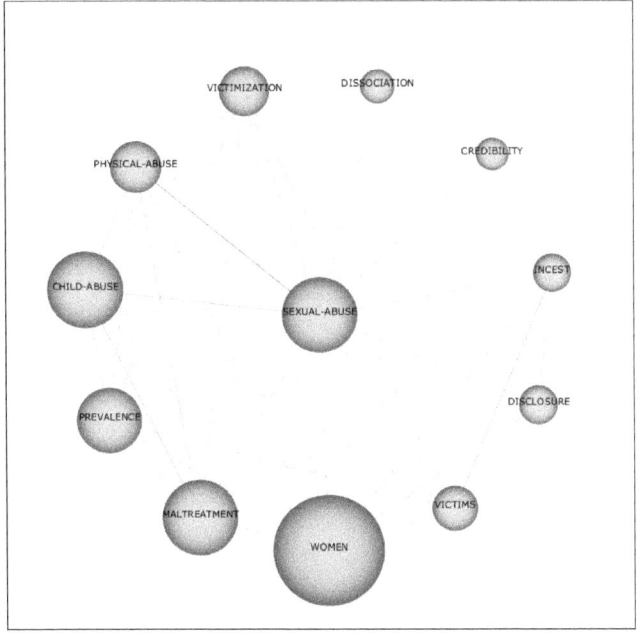

Figura 7. Red temática de SEXUAL-ABUSE

Los tres documentos más citados del tema **SEXUAL-ABUSE**:

MCGEE, RA, WOLFE, DA, YUEN, SA, WILSON, SK, CARNOCHAN, J, THE MEASUREMENT OF MALTREATMENT - A COMPARISON OF APPROACHES. CHILD ABUSE & NEGLECT 19:2 (1995) 233-249. Times cited: 113

Classen, CC, Palesh, OG, Aggarwal, R, Sexual revictimization: A review of the empirical literature. TRAUMA VIOLENCE & ABUSE 6:2 (2005) 103-129. Times cited: 112

Duggan, A, McFarlane, E, Fuddy, L, Burrell, L, Higman, SM, Windham, A, Sia, C, Randomized trial of a statewide home visiting program: impact in preventing child abuse and neglect. CHILD ABUSE & NEGLECT 28:6 (2004) 597-622. Times cited: 106

3. El tema **STRESS** , cuya red temática se muestra en la Figura 8, está relacionado con las palabras clave (o tema):*Social-Support, Support, Adjustment, Depression, Health, Psycological-Distress, Burnout, Job-Satisfaction, Coping, Families, Life-Events*

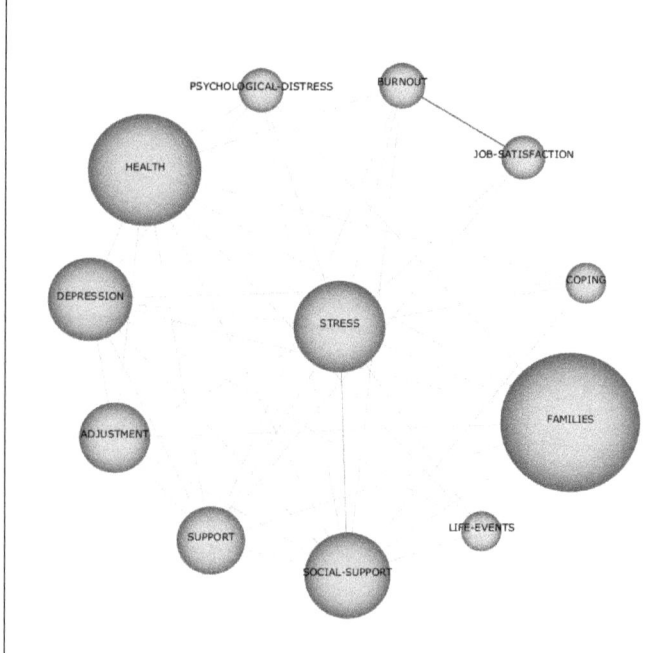

Figura 8. Red temática de STRESS

Los tres documentos más citados del tema **STRESS**:

WIDOM, CS, AMES, MA, CRIMINAL CONSEQUENCES OF CHILDHOOD SEXUAL VICTIMIZATION. CHILD ABUSE & NEGLECT 18:4 303-318 (1994). Times cited: 148

Fergusson, DM, Horwood, LJ, Lynskey, MT, Childhood sexual abuse, adolescent sexual behaviors and sexual revictimization. CHILD ABUSE & NEGLECT 21:8 789-803 (1997). Times cited: 144

Roberts, RE, Roberts, CR, Chen, YR, Ethnocultural differences in prevalence of adolescent depression. AMERICAN JOURNAL OF COMMUNITY PSYCHOLOGY 25:1 95-110 (1997). Times cited: 138

4. El tema **ABUSE**, cuya red temática se muestra en la Figura 9, está relacionado con las palabras clave (o tema): *Domestic-Violence, Intimate-Partner-Violence, Child-Maltreatment, Neglect, Violence, Substantiation, Child-Neglect, Risk-Factors, Risk-Assessment, Recurrence, Risk*

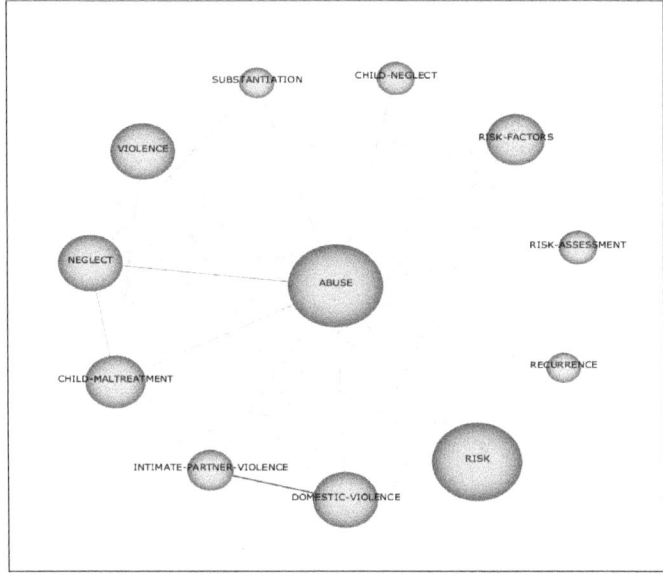

Figura 9. Red temática de ABUSE

Los tres documentos más citados del tema **ABUSE**:

WIDOM, CS, AMES, MA, CRIMINAL CONSEQUENCES OF CHILDHOOD SEXUAL VICTIMIZATION. CHILD ABUSE & NEGLECT 18:4 303-318 (1994). Times cited: 148

GARBARINO, J, KOSTELNY, K, CHILD MALTREATMENT AS A COMMUNITY PROBLEM. CHILD ABUSE & NEGLECT 16:4 455-464 (1992). Times cited: 144

Dong, MX, Anda, RF, Felitti, VJ, Dube, SR, Williamson, DF, Thompson, TJ, Loo, CM, Giles, WH, The interrelatedness of multiple forms of childhood abuse, neglect, and household dysfunction. CHILD ABUSE & NEGLECT 28:7 771-784 (2004). Times cited: 141

5. El tema **CHILDREN** , cuya red temática se muestra en la Figura 10, está relacionado con las palabras clave (o tema):*Childhood, Impact, Intervention, Mothers, Parents, Youth, Resilence, Mental-Health, Divorce, Adoslescents, Behavior.*

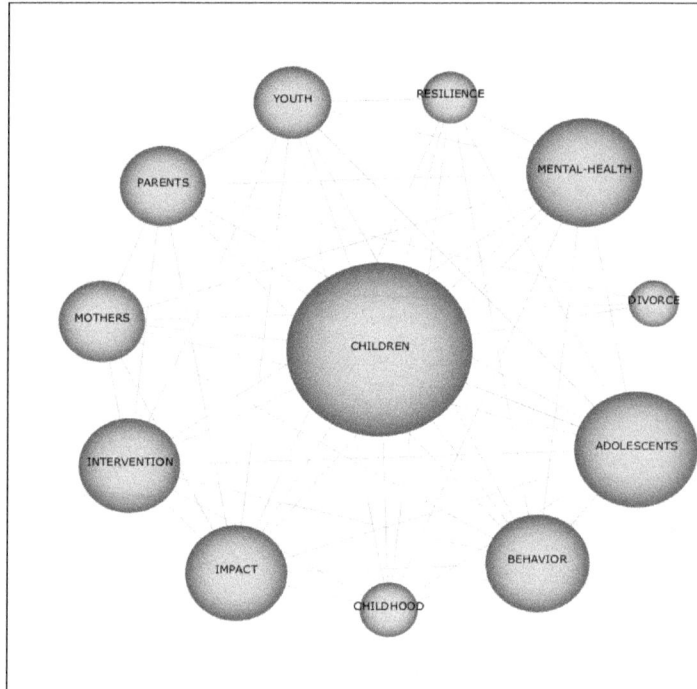

Figura 10. Red temática de CHILDREN

Los tres documentos más citados del tema **CHILDREN**:

Reid, JB, Eddy, JM, Fetrow, RA, Stoolmiller, M, Description and immediate impacts of a preventive intervention for conduct problems. AMERICAN JOURNAL OF COMMUNITY PSYCHOLOGY 27:4 483-517 (1999). Times cited: 151

WIDOM, CS, AMES, MA, CRIMINAL CONSEQUENCES OF CHILDHOOD SEXUAL VICTIMIZATION. CHILD ABUSE & NEGLECT 18:4 303-318 (1994). Times cited: 148

Ialongo, NS, Werthamer, L, Kellam, SG, Proximal impact of two first-grade preventive interventions on the early risk behaviors for later substance abuse, depression, and antisocial behavior. AMERICAN JOURNAL OF COMMUNITY PSYCHOLOGY 27:5 599-641 (1999). Times cited: 147

6. El tema **CHILD-SEXUAL-ABUSE**, cuya red temática se muestra en la Figura 11, está relacionado con las palabras clave (o tema): *Sample, Survivors, Posttraumatic-Stress-Disorder, Girls, Psychopathology, Trauma, National-Survey, Rape, Revictimization, History, Memory.*

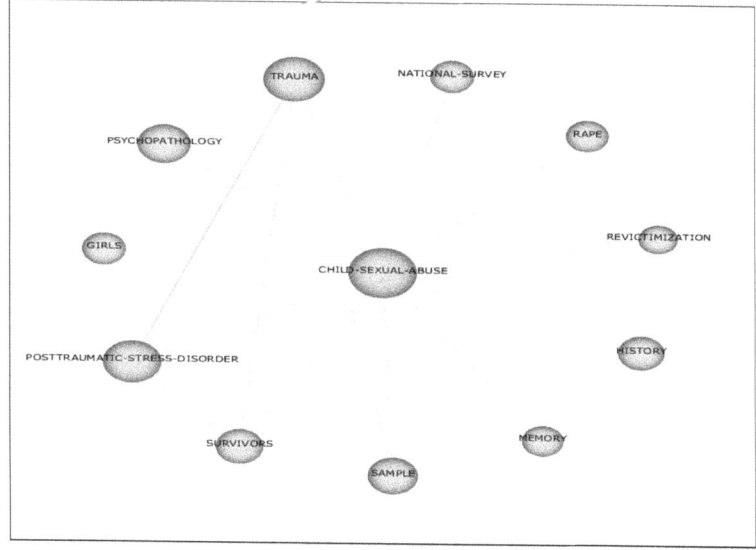

Figura 11. Red temática de CHILD-SEXUAL-ABUSE

Los tres documentos más citados del tema **CHILD-SEXUAL-ABUSE**:

Gorey, KM, Leslie, DR, The prevalence of child sexual abuse: Integrative review adjustment for potential response and measurement biases. CHILD ABUSE & NEGLECT 21:4 391-398 (1997). Times cited: 158

WIDOM, CS, AMES, MA, CRIMINAL CONSEQUENCES OF CHILDHOOD SEXUAL VICTIMIZATION. CHILD ABUSE & NEGLECT 18:4 303-318 (1994). Times cited: 148

ELLIOTT, DM, BRIERE, J, SEXUAL ABUSE TRAUMA AMONG PROFESSIONAL WOMEN - VALIDATING THE TRAUMA SYMPTOM CHECKLIST-40 (TSC-40). CHILD ABUSE & NEGLECT 16:3 391-398 (1992). Times cited: 146

7. El tema **CARE** , cuya red temática se muestra en la Figura 12, está relacionado con las palabras clave (o tema): *Illness, Program, Services, System, Older-People, Foster-Children, Dementia, Burden, Caregivers, Family-Caregivers, Foster-Parents*

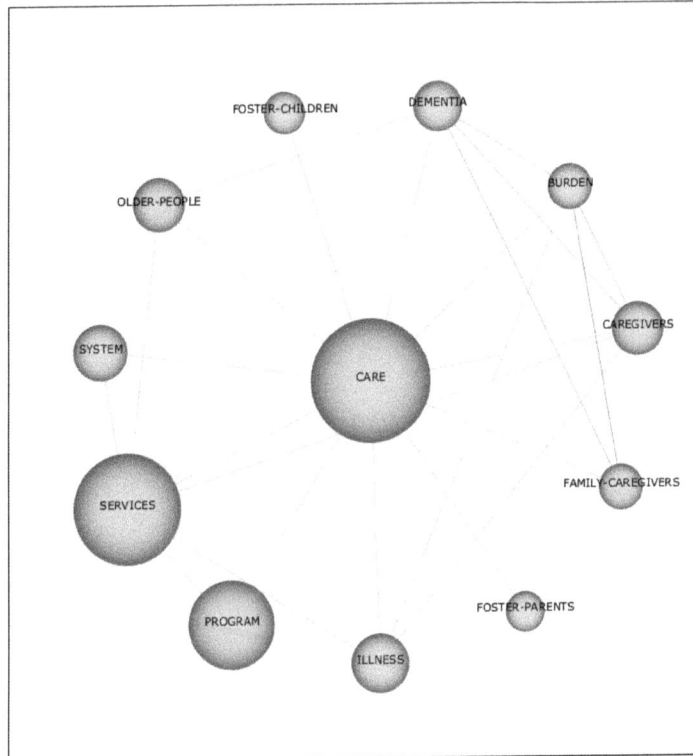

Figura 12. Red temática de CARE

Los tres documentos más citados del tema **CARE**:

COURTNEY, ME, FACTORS ASSOCIATED WITH THE REUNIFICATION OF FOSTER-CHILDREN WITH THEIR FAMILIES. SOCIAL SERVICE REVIEW 68:1 81-108 (1994). Times cited: 115

HUGHES, D, DUMONT, K, USING FOCUS GROUPS TO FACILITATE CULTURALLY ANCHORED RESEARCH. AMERICAN JOURNAL OF COMMUNITY PSYCHOLOGY 21:6 775-806 (1993). Times cited: 102

Leslie, LK, Landsverk, J, Ezzet-Lofstrom, R, Tschann, JM, Slymen, DJ, Garland, AF, Children in foster care: Factors influencing outpatient mental health service use. CHILD ABUSE & NEGLECT 24:4 465-476 (2000). Times cited: 93

8. El tema **EMPOWERMEN**, cuya red temática se muestra en la Figura 13, está relacionado con las palabras clave (o tema):*Partnership, Perspective, Psychology, Prevention, Power, Participation, Psychological-Empowerment, Community-Psychology, Citizen-Participation, Coalitions, Organizations.*

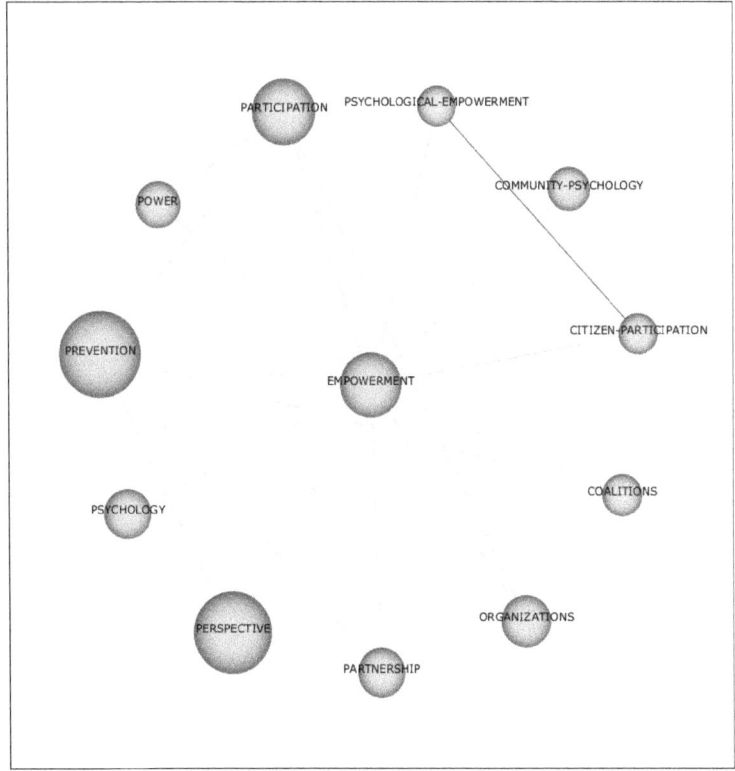

Figura 13. Red temática de EMPOWERMENT

Los tres documentos más citados del tema **EMPOWERMENT**:

Zimmerman, MA, Psychological empowerment: Issues and illustrations. AMERICAN JOURNAL OF COMMUNITY PSYCHOLOGY 23:5 581-599 (1995). Times cited: 247

COWEN, EL, THE ENHANCEMENT OF PSYCHOLOGICAL WELLNESS - CHALLENGES AND OPPORTUNITIES. AMERICAN JOURNAL OF COMMUNITY PSYCHOLOGY 22:2 149-179 (1994). Times cited: 128

Perkins, DD, Zimmerman, MA, Empowerment theory, research, and application. AMERICAN JOURNAL OF COMMUNITY PSYCHOLOGY 23:5 569-579 (1995). Times cited: 114

9. El tema **POVERTY**, cuya red temática se muestra en la Figura 14, está relacionado con las palabras clave (o tema):*Single-Mothers, Welfare-Reform, Work, Income, Poor, Child-Development, Employment, Social-Exclusion, Welfare, Neighborhood, Policy*

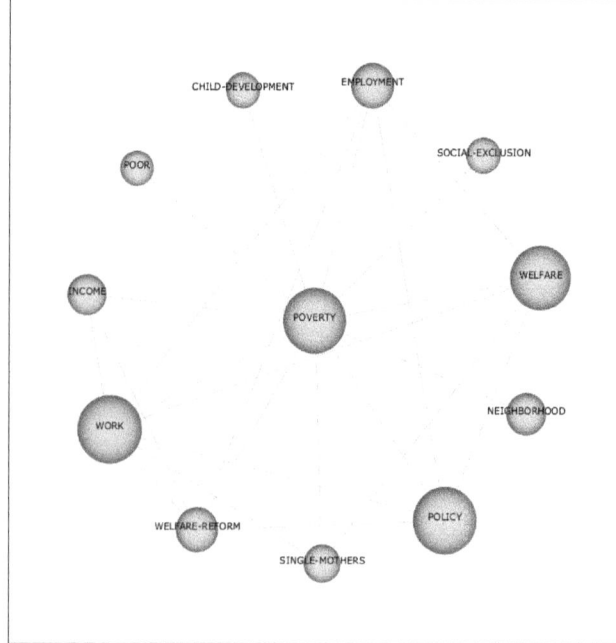

Figura 14. Red temática de POVERTY

Los tres documentos más citados del tema **POVERTY**:

Leslie, LK, Landsverk, J, Ezzet-Lofstrom, R, Tschann, JM, Slymen, DJ, Garland, AF, Children in foster care: Factors influencing outpatient mental health service use. CHILD ABUSE & NEGLECT 24:4 465-476 (2000). Times cited: 93

ARCHES, J, SOCIAL-STRUCTURE, BURNOUT, AND JOB-SATISFACTION. SOCIAL WORK 36:3 202-206 (1991). Times cited: 83

KOTCH, JB, BROWNE, DC, RINGWALT, CL, STEWART, PW, RUINA, E, HOLT, K, LOWMAN, B, JUNG, JW, RISE OF CHILD-ABUSE OR NEGLECT IN A

COHORT OF LOW-INCOME CHILDREN. CHILD ABUSE & NEGLECT 19:9 1115-1130 (1995). Times cited: 80

10. El tema **ATTITUDES**, cuya red temática se muestra en la Figura 15, está relacionado con las palabras clave (o tema):*Perceptions, Pshysicians, Professionals, Social-Workers, Students, Education, Knowledge, Gender, Corporal-Punishment, Aids, Beliefs*

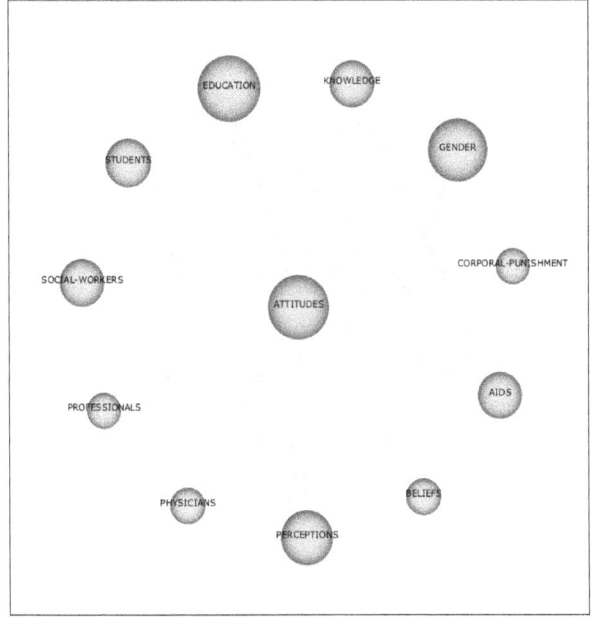

Figura 15. Red temática de ATTITUDES

Los tres documentos más citados del tema **ATTITUDES**:

WHIPPLE, EE, WEBSTERSTRATTON, C, THE ROLE OF PARENTAL STRESS IN PHYSICALLY ABUSIVE FAMILIES. CHILD ABUSE & NEGLECT 15:3 279-291 (1991). Times cited: 136

Bogenschneider, K, An ecological risk protective theory for building prevention programs, policies, and community capacity to support youth. FAMILY RELATIONS 45:2 127-138 (1996). Times cited: 106

Foster-Fishman, PG, Berkowitz, SL, Lounsbury, DW, Jacobson, S, Allen, NA, Building collaborative capacity in community coalitions: A review and integrative framework. AMERICAN JOURNAL OF COMMUNITY PSYCHOLOGY 29:2 241-261 (2001). Times cited: 100

11. El tema **HEALTH-CARE**, cuya red temática se muestra en la Figura 16, está relacionado con las palabras clave (o tema):*Needs, Quality, Setting, Access, Primary-Care, Managed-Care, Management, Social-Care, Discharge-Planning, Communication, Hostipals.*

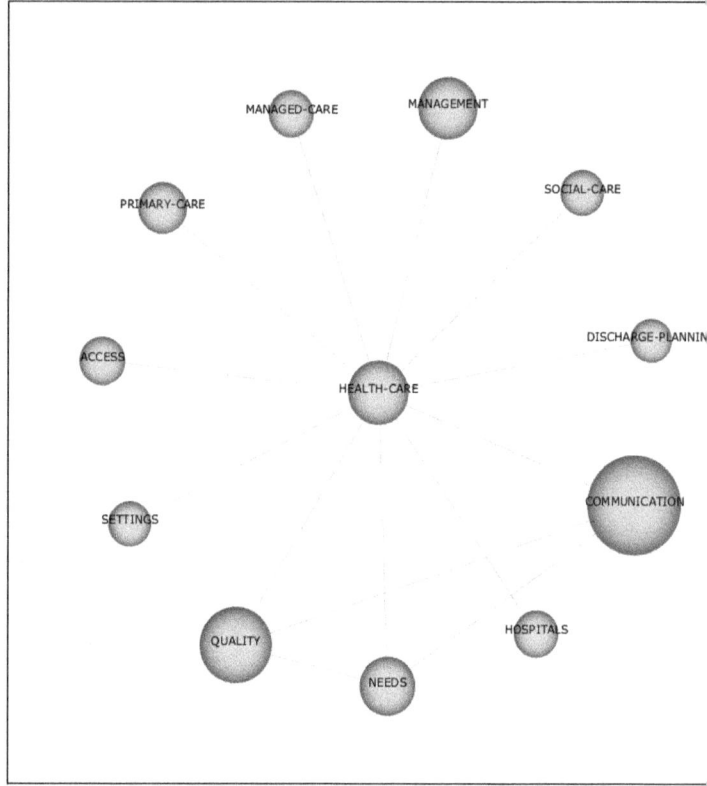

Figura 16. Red temática de HEALTH-CARE

Los tres documentos más citados del tema **HEALTH-CARE**:

Drake, B, Pandey, S, Understanding the relationship between neighborhood poverty and specific types of child maltreatment. CHILD ABUSE & NEGLECT 20:11 1003-1018 (1996). Times cited: 138

Hoyt, DR, Conger, RD, Valde, JG, Weihs, K, Psychological distress and help seeking in rural America. AMERICAN JOURNAL OF COMMUNITY PSYCHOLOGY 25:4 449-470 (1997). Times cited: 102

Springer, KW, Sheridan, J, Kuo, D, Carnes, M, Long-term physical and mental health consequences of childhood physical abuse: Results from a large population-based sample of men and women. CHILD ABUSE & NEGLECT 31:5 517-530 (2007). Times cited: 97

12. El tema **SOCIAL-WORK**, cuya red temática se muestra en la Figura 17, está relacionado con las palabras clave (o tema):*Psychotherapy, Diversity, Research, Child-Protection, Ethics, Protection, Supervision, Practice, Family-Therapy, Evidence-Based-Practice, People.*

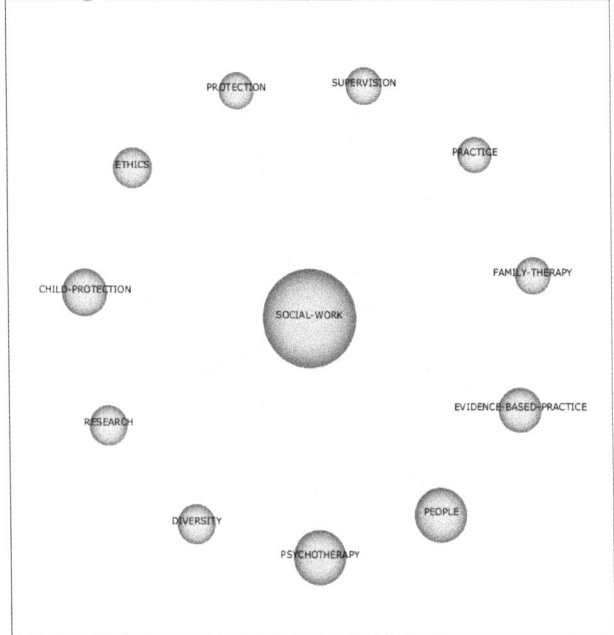

Figura 17. Red temática de SOCIAL-WORK

Los tres documentos más citados del tema **SOCIAL-WORK**:

MUNOZ, RF, YING, YW, BERNAL, G, PEREZSTABLE, EJ, SORENSEN, JL, HARGREAVES, WA, MIRANDA, J, MILLER, LS, PREVENTION OF DEPRESSION WITH PRIMARY-CARE PATIENTS - A RANDOMIZED CONTROLLED TRIAL. AMERICAN JOURNAL OF COMMUNITY PSYCHOLOGY 23:2 199-222 (1995). Times cited: 111

DURLAK, JA, LIPSEY, MW, A PRACTITIONERS GUIDE TO METAANALYSIS. AMERICAN JOURNAL OF COMMUNITY PSYCHOLOGY 19:3 291-332 (1991). Times cited: 91

Durlak, JA, Wells, AM, Evaluation of indicated preventive intervention (secondary prevention) mental health programs for children and adolescents. AMERICAN JOURNAL OF COMMUNITY PSYCHOLOGY 26:5 775-802 (1998). Times cited: 80

13. El tema **DISORDERS**, cuya red temática se muestra en la Figura 18, está relacionado con las palabras clave (o tema): *Scale, Symptoms, Alcohol, Validity, Substance-Use, Substance-Abuse, Homelessness, Schizophrenia, Mental-Illness, Experiences, Mental-Health-Services.*

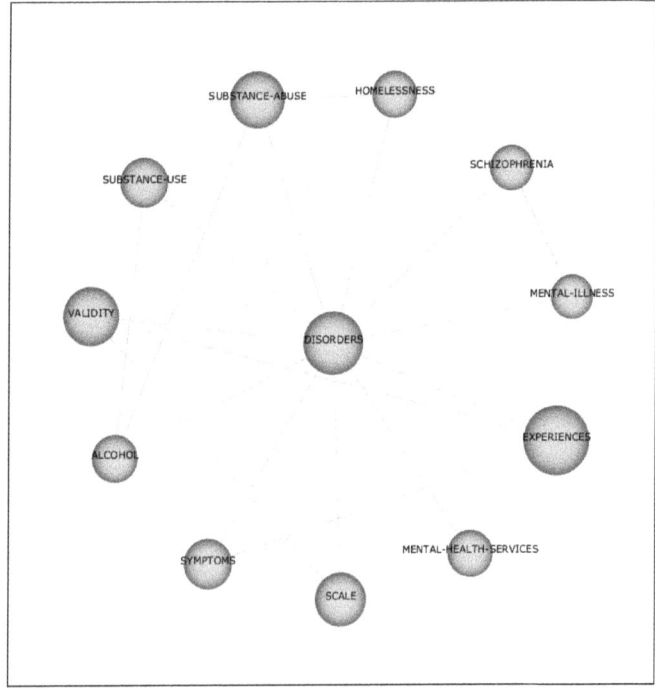

Figura 18. Red temática de DISORDER

Los tres documentos más citados del tema **DISORDER**:

MUNOZ, RF, YING, YW, BERNAL, G, PEREZSTABLE, EJ, SORENSEN, JL, HARGREAVES, WA, MIRANDA, J, MILLER, LS, PREVENTION OF DEPRESSION WITH PRIMARY-CARE PATIENTS - A RANDOMIZED CONTROLLED TRIAL.

AMERICAN JOURNAL OF COMMUNITY PSYCHOLOGY 23:2 199-222 (1995). Times cited: 111

Leslie, LK, Landsverk, J, Ezzet-Lofstrom, R, Tschann, JM, Slymen, DJ, Garland, AF, Children in foster care: Factors influencing outpatient mental health service use. CHILD ABUSE & NEGLECT 24:4 465-476 (2000). Times cited: 93

Corrigan, PW, River, LP, Lundin, RK, Wasowski, KU, Campion, J, Mathisen, J, Goldstein, H, Bergman, M, Gagnon, C, Stigmatizing attributions about mental illness. JOURNAL OF COMMUNITY PSYCHOLOGY 28:1 91-102 (2000). Times cited: 91

14. El tema **MARRIAGE**, cuya red temática se muestra en la Figura 19, está relacionado con las palabras clave (o tema): *Couples, Satisfaction, Cohabitation, Stability, Marital-Quality, Conflict*

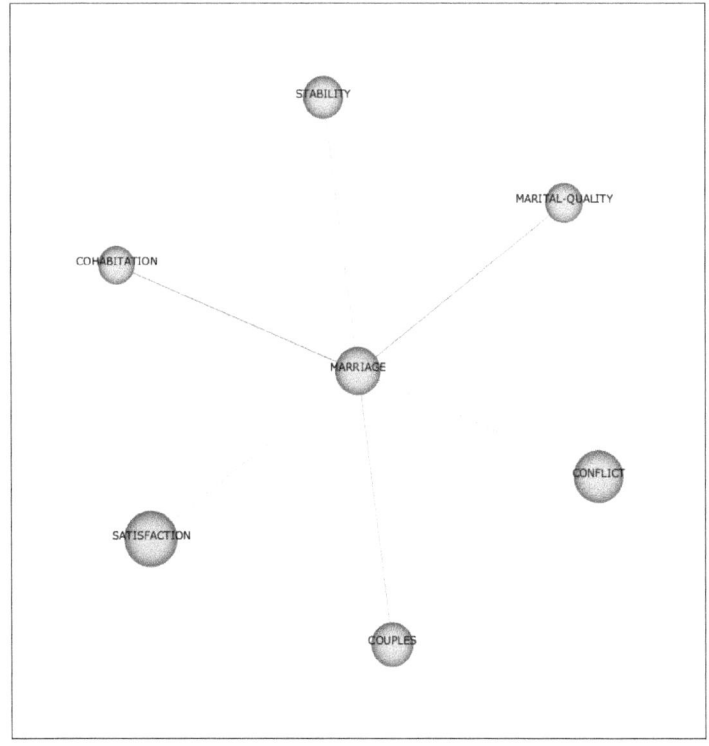

Figura 19. Red temática de MARRIAGE

Los tres documentos más citados del tema **MARRIAGE**:

HOBFOLL, SE, LILLY, RS, RESOURCE CONSERVATION AS A STRATEGY FOR COMMUNITY PSYCHOLOGY. JOURNAL OF COMMUNITY PSYCHOLOGY 21:2 128-148 (1993). Times cited: 122

PEREZ, CM, WIDOM, CS, CHILDHOOD VICTIMIZATION AND LONG-TERM INTELLECTUAL AND ACADEMIC OUTCOMES. CHILD ABUSE & NEGLECT 18:8 617-633 (1994). Times cited: 115

Fergusson, DM, Horwood, LJ, Exposure to interparental violence in childhood and psychosocial adjustment in young adulthood. CHILD ABUSE & NEGLECT 22:5 339-357 (1998). Times cited: 104

15. El tema **WELFARE-STATE** , cuya red temática se muestra en la Figura 20, está relacionado con las palabras clave (o tema): *Social-Policy, Politics, Sweden, Globalisation,Reform.*

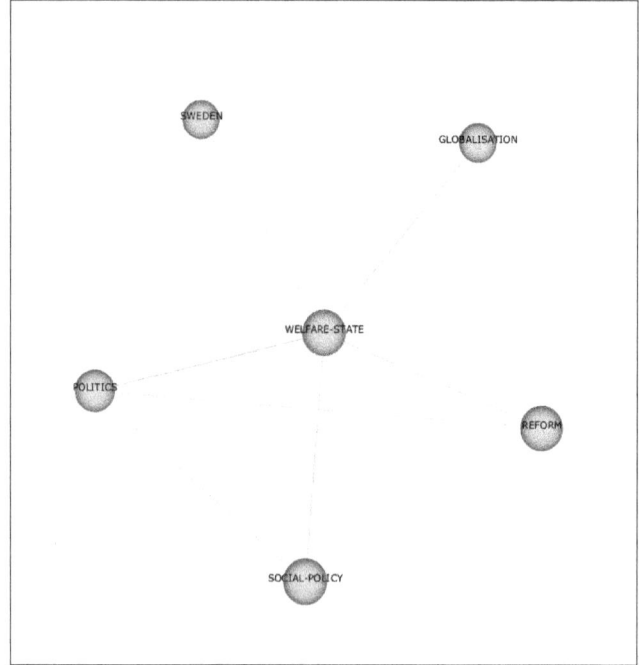

Figura 20. Red temática de WELFARE-STATE

Los tres documentos más citados del tema **WELFARE-STATE**:

Clarke, J, Dissolving the public realm? The logics and limits of neo-liberalism. JOURNAL OF SOCIAL POLICY 33:null 27-48 (2004). Times cited: 84

Harrison, S, New labour, modernisation and the medical labour process. JOURNAL OF SOCIAL POLICY 31:null 465-485 (2002). Times cited: 68

Durrant, JE, Evaluating the success of Sweden's corporal punishment ban. CHILD ABUSE & NEGLECT 23:5 435-448 (1999). Times cited: 52

16. El tema **DELINQUENCY**, cuya red temática se muestra en la Figura 21, está relacionado con las palabras clave (o tema): *Crime, Predictiors, Drug-Use, Adolescence, Antisocial-Behavior.*

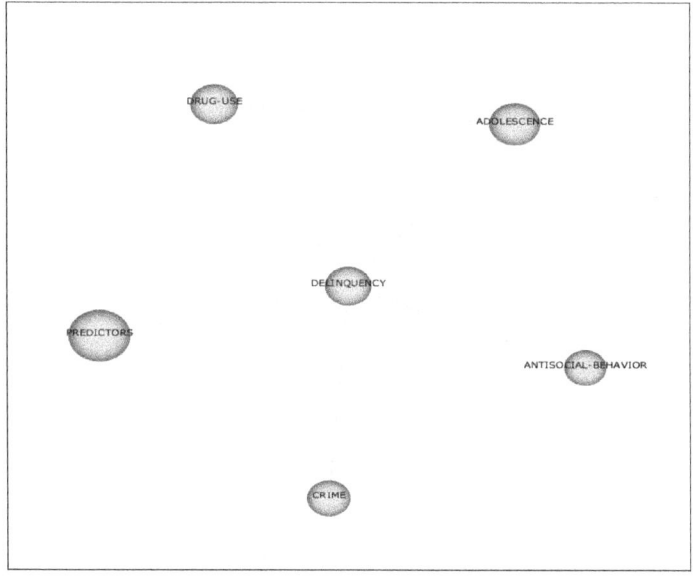

Figura 21. Red temática de DELINQUENCY

Los tres documentos más citados del tema **DELINQUENCY**:

Coulton, CJ, Korbin, JE, Su, M, Neighborhoods and child maltreatment: A multi-level study. CHILD ABUSE & NEGLECT 23:11 1019-1040 (1999). Times cited: 114

Kumpulainen, K, Rasanen, E, Children involved in bullying at elementary school age: Their psychiatric symptoms and deviance in adolescence - An epidemiological sample. CHILD ABUSE & NEGLECT 24:12 1567-1577 (2000). Times cited: 110

Beyers, JM, Bates, JE, Pettit, GS, Dodge, KA, Neighborhood structure, parenting processes, and the development of youths' externalizing behaviors: A multilevel analysis. AMERICAN JOURNAL OF COMMUNITY PSYCHOLOGY 31:1-2 35-53 (2003). Times cited: 108

17. El tema **IMPLEMENTATION**, cuya red temática se muestra en la Figura 22, está relacionado con las palabras clave (o tema): *Fidelity, Diffusion, Dissemination.*

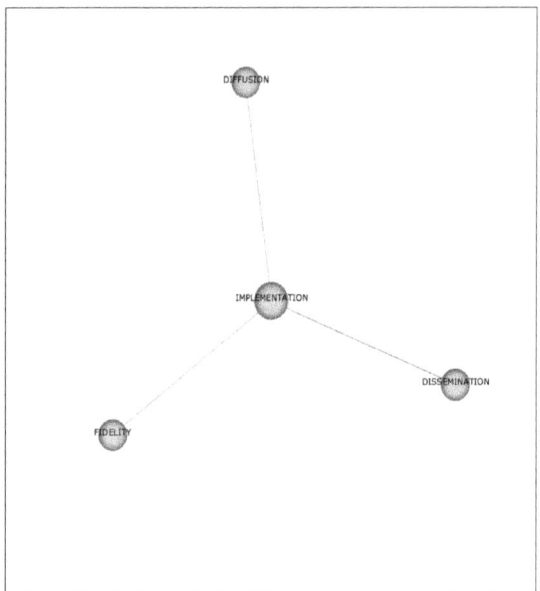

Figura 22. Red temática de IMPLEMENTATION

Los tres documentos más citados del tema **IMPLEMENTATION**:

Fagan, AA, Mihalic, S, Strategies for enhancing the adoption of school-based prevention of programs: Lessons learned from the blueprints for violence of prevention replications of the life skills training program. JOURNAL OF COMMUNITY PSYCHOLOGY 31:3 235-253 (2003). Times cited: 61

Spoth, RL, Greenberg, MT, Toward a comprehensive strategy for effective practitioner-scientist partnerships and larger-scale community health and well-being. AMERICAN JOURNAL OF COMMUNITY PSYCHOLOGY 35:3-4 107-126 (2005). Times cited: 53

Rosen, A, Evidence-based social work practice: Challenges and promise. SOCIAL WORK RESEARCH 27:4 197-208 (2003). Times cited: 36

18. El tema **HIV/AIDS**, cuya red temática se muestra en la Figura 23, está relacionado con las palabras clave (o tema): *Infection, Gay-Men, Hiv.*

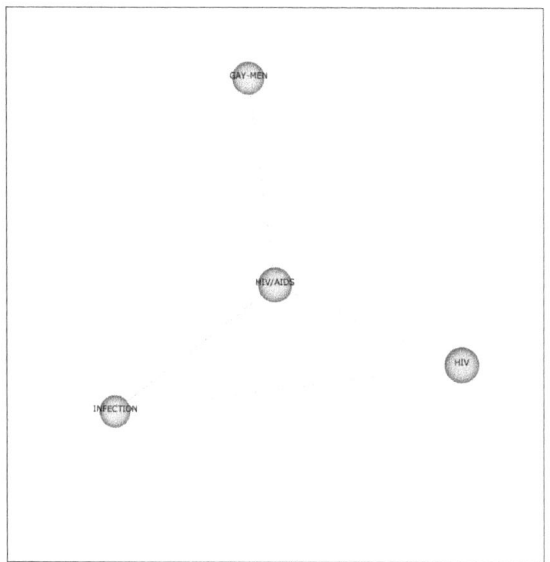

Figura 23. Red temática de HIV/AIDS

Los tres documentos más citados del tema **HIV/AID**:

HUGHES, D, DUMONT, K, USING FOCUS GROUPS TO FACILITATE CULTURALLY ANCHORED RESEARCH. AMERICAN JOURNAL OF COMMUNITY PSYCHOLOGY 21:6 775-806 (1993). Times cited: 102

BAUMAN, LJ, STEIN, REK, IREYS, HT, REINVENTING FIDELITY - THE TRANSFER OF SOCIAL TECHNOLOGY AMONG SETTINGS. AMERICAN JOURNAL OF COMMUNITY PSYCHOLOGY 19:4 619-639 (1991). Times cited: 75

Fagan, AA, Mihalic, S, Strategies for enhancing the adoption of school-based prevention of programs: Lessons learned from the blueprints for violence of prevention replications of the life skills training program. JOURNAL OF COMMUNITY PSYCHOLOGY 31:3 235-253 (2003). Times cited: 61

19. El tema **MORTALITY** , cuya red temática se muestra en la Figura 24, está relacionado con las palabras clave (o tema): *Bereavement, Homicide, Grief*

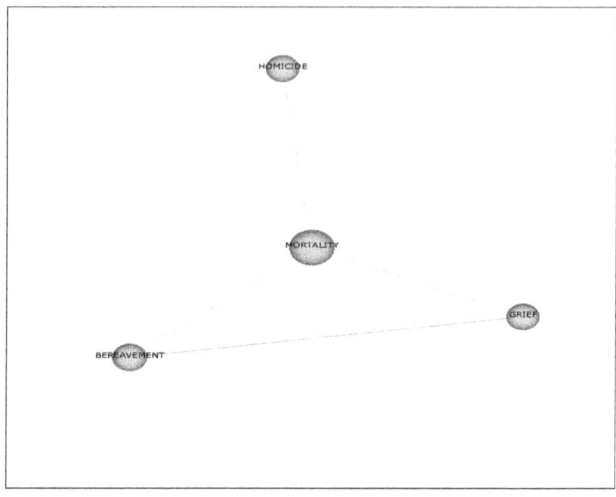

Figura 24. Red temática de MORTALITY

Los tres documentos más citados del tema **MORTALITY**:

MACINTYRE, S, MACIVER, S, SOOMAN, A, AREA, CLASS AND HEALTH - SHOULD WE BE FOCUSING ON PLACES OR PEOPLE. JOURNAL OF SOCIAL POLICY 22:null 213-234 (1993). Times cited: 476

Smith, BW, Pargament, KI, Brant, C, Oliver, JM, Noah revisited: Religious coping by church members and the impact of the 1993 midwest flood. JOURNAL OF COMMUNITY PSYCHOLOGY 28:2 169-186 (2000). Times cited: 43

Flannery, DJ, Wester, KL, Singer, MI, Impact of exposure to violence in school on child and adolescent mental health and behavior. JOURNAL OF COMMUNITY PSYCHOLOGY 32:5 559-573 (2004). Times cited: 30

20. El tema **IMMIGRANTS**, cuya red temática se muestra en la Figura 25, está relacionado con las palabras clave (o tema): *Refugees, Acculturation, American*

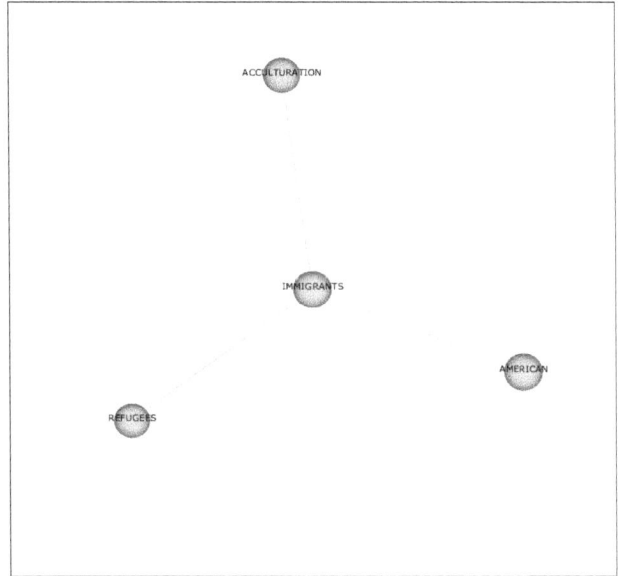

Figura 25. Red temática de IMMIGRANTS

Los tres documentos más citados del tema **IMMIGRANTS**:

MARIN, G, DEFINING CULTURALLY APPROPRIATE COMMUNITY INTERVENTIONS - HISPANICS AS A CASE-STUDY. JOURNAL OF COMMUNITY PSYCHOLOGY 21:2 149-161 (1993). Times cited: 69

Al-Krenawi, A, Graham, JR, Culturally sensitive social work practice with Arab clients in mental health settings. HEALTH & SOCIAL WORK 25:1 9-22 (2000). Times cited: 67

Taylor, RJ, Ellison, CG, Chatters, LM, Levin, JS, Lincoln, KD, Mental health services in faith communities: The role of clergy in black churches. SOCIAL WORK 45:1 73-87 (2000). Times cited: 65

21. El tema **RACE**, cuya red temática se muestra en la Figura 26, está relacionado con las palabras clave (o tema):*Black, Ethinicity, African-American.*

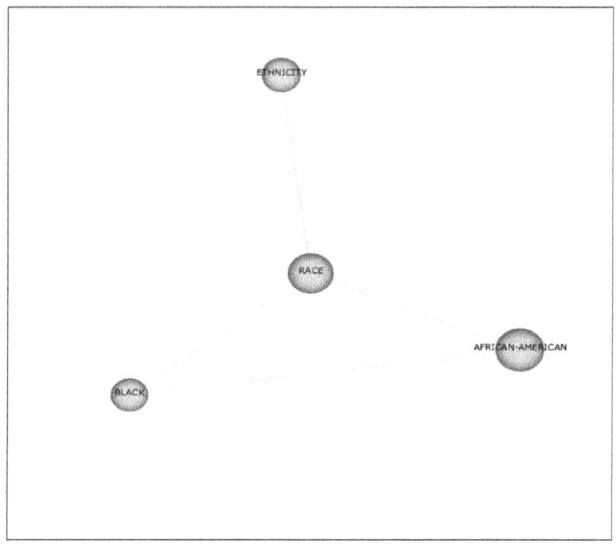

Figura 26. Red temática de RACE

Los tres documentos más citados del tema **RACE**:

RHODES, JE, EBERT, L, FISCHER, K, NATURAL MENTORS - AN OVERLOOKED RESOURCE IN THE SOCIAL NETWORKS OF YOUNG, AFRICAN-AMERICAN MOTHERS. AMERICAN JOURNAL OF COMMUNITY PSYCHOLOGY 20:4 445-461 (1992). Times cited: 72

MCADOO, JL, THE ROLES OF AFRICAN-AMERICAN FATHERS - AN ECOLOGICAL PERSPECTIVE. FAMILIES IN SOCIETY-THE JOURNAL OF CONTEMPORARY HUMAN SERVICES 74:1 28-35 (1993). Times cited: 47

O'Dea, JA, Gender, ethnicity, culture and social class influences on childhood obesity among Australian schoolchildren: Implications for treatment, prevention and community education. HEALTH & SOCIAL CARE IN THE COMMUNITY 16:3 282-290 (2008). Times cited: 28

22. El tema **INFANTS**, cuya red temática se muestra en la Figura 27, está relacionado con las palabras clave (o tema):*Young-Children, Follow-Up, Attachment.*

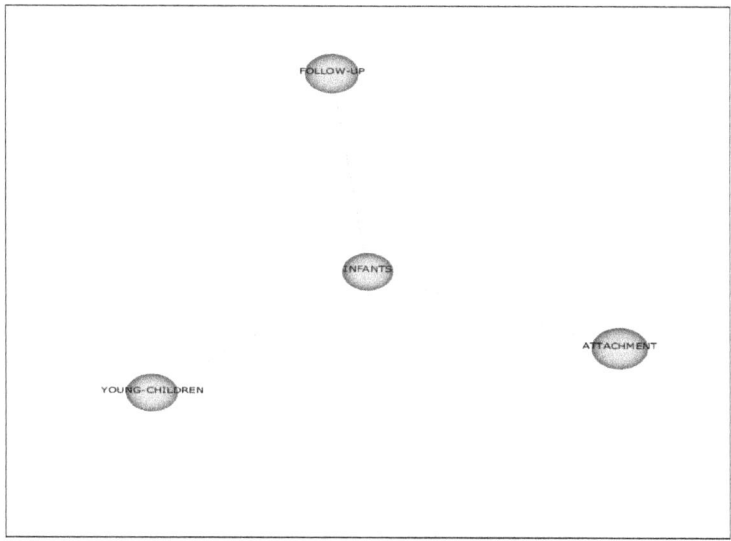

Figura 27. Red temática de INFANTS

Los tres documentos más citados del tema **INFANTS**:

Orbach, Y, Hershkowitz, I, Lamb, ME, Sternberg, KJ, Esplin, PW, Horowitz, D, Assessing the value of structured protocols for forensic interviews of alleged child abuse victims. CHILD ABUSE & NEGLECT 24:6 733-752 (2000). Times cited: 106

Hildyard, KL, Wolfe, DA, Child neglect: developmental issues and outcomes. CHILD ABUSE & NEGLECT 26:6-7 679-695 (2002). Times cited: 103

Sourander, A, Helstela, L, Helenius, H, Piha, J, Persistence of bullying from childhood to adolescence - A longitudinal 8-year follow-up study. CHILD ABUSE & NEGLECT 24:7 873-881 (2000). Times cited: 96

23. El tema **ADULTS** , cuya red temática se muestra en la Figura 28, está relacionado con las palabras clave (o tema):*Disability, Life, Age.*

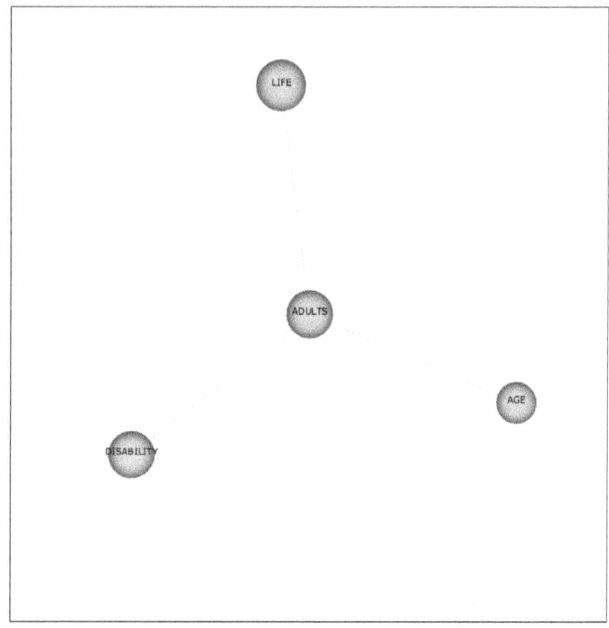

Figura 28. Red temática de ADULTS

Los tres documentos más citados del tema **ADULTS**:

Sullivan, PM, Knutson, JF, Maltreatment and disabilities: A population-based epidemiological study. CHILD ABUSE & NEGLECT 24:10 1257-1273 (2000). Times cited: 161

Reid, JB, Eddy, JM, Fetrow, RA, Stoolmiller, M, Description and immediate impacts of a preventive intervention for conduct problems. AMERICAN JOURNAL OF COMMUNITY PSYCHOLOGY 27:4 483-517 (1999). Times cited: 151

KORENMAN, S, MILLER, JE, SJAASTAD, JE, LONG-TERM POVERTY AND CHILD-DEVELOPMENT IN THE UNITED-STATES - RESULTS FROM THE NLSY. CHILDREN AND YOUTH SERVICES REVIEW 17:1-2 127-155 (1995). Times cited: 141

24. El tema **GAY**, cuya red temática se muestra en la Figura 29, está relacionado con las palabras clave (o tema): *Sexual-Orientation, Lesbian*

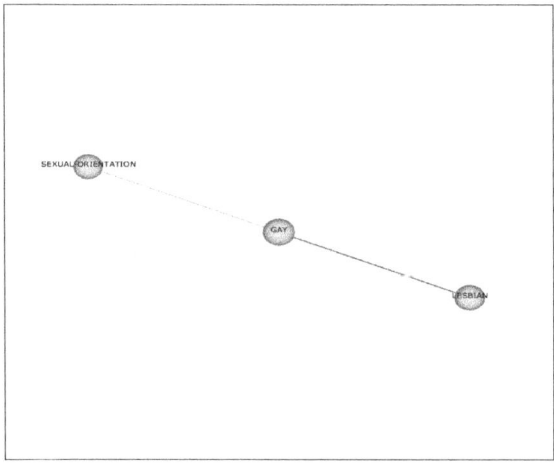

Figura 29. Red temática de GAY

Los tres documentos más citados del tema **GAY**:

Berkman, CS, Zinberg, G, Homophobia and heterosexism in social workers. SOCIAL WORK 42:4 319-332 (1997). Times cited: 71

O'Donnell, L, O'Donnell, C, Wardlaw, DM, Stueve, A, Risk and resiliency factors influencing suicidality among urban African American and Latino youth. AMERICAN JOURNAL OF COMMUNITY PSYCHOLOGY 33:1-2 37-49 (2004). Times cited: 57

Waldo, CR, Hesson-McInnis, MS, D'Augelli, AR, Antecedents and consequences of victimization of lesbian, gay, and bisexual young people: A structural model comparing rural university and urban samples. AMERICAN JOURNAL OF COMMUNITY PSYCHOLOGY 26:2 307-334 (1998). Times cited: 48

25. El tema **RETENTION**, cuya red temática se muestra en la Figura 30, está relacionado con las palabras clave (o tema): *Turnover, Recruitment*.

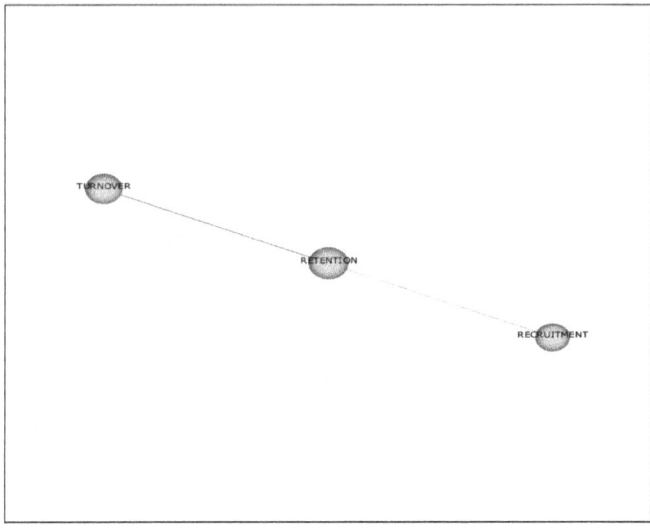

Figura 30. Red temática de RETENTION

Los tres documentos más citados del tema **RETENTION**:

Spoth, R, Redmond, C, Hockaday, C, Shin, CY, Barriers to participation in family skills preventive interventions and their evaluations - A replication and extension. FAMILY RELATIONS 45:3 247-254 (1996). Times cited: 60

Hussain-Gambles, M, Atkin, K, Leese, B, Why ethnic minority groups are under-represented in clinical trials: a review of the literature. HEALTH & SOCIAL CARE IN THE COMMUNITY 12:5 382-388 (2004). Times cited: 53

RYCRAFT, JR, THE PARTY ISNT OVER - THE AGENCY ROLE IN THE RETENTION OF PUBLIC CHILD-WELFARE CASEWORKERS. SOCIAL WORK 39:1 75-80 (1994). Times cited: 59

26. El tema **FAMILY-VIOLENCE**, cuya red temática se muestra en la Figura 31, está relacionado con las palabras clave (o tema): *Behavior-Problems, Battered-Women.*

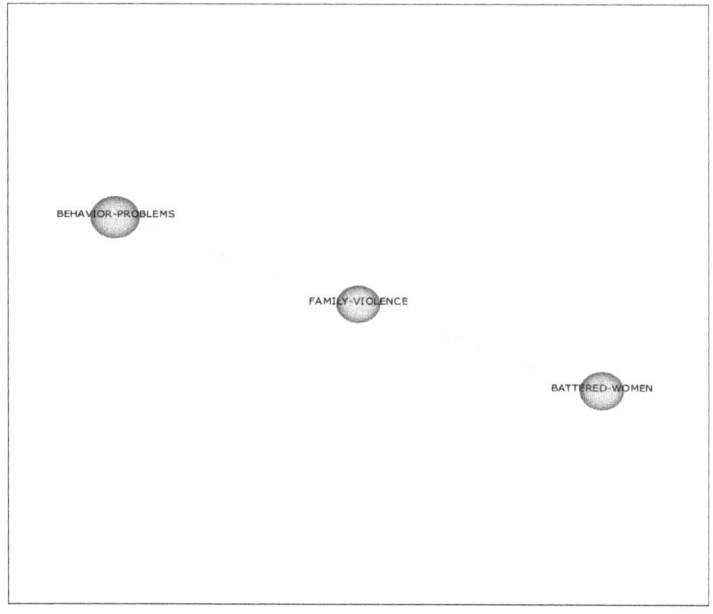

Figura 31. Red temática de FAMILY-VIOLENCE

Los tres documentos más citados del tema **FAMILY-VIOLENCE**:

Beyers, JM, Bates, JE, Pettit, GS, Dodge, KA, Neighborhood structure, parenting processes, and the development of youths' externalizing behaviors: A multilevel analysis. AMERICAN JOURNAL OF COMMUNITY PSYCHOLOGY 31:1-2 35-53 (2003). Times cited: 108

Fergusson, DM, Horwood, LJ, Exposure to interparental violence in childhood and psychosocial adjustment in young adulthood. CHILD ABUSE & NEGLECT 22:5 339-357 (1998). Times cited: 104

Chamberlain, P, Price, JM, Reid, JB, Landsverk, J, Fisher, PA, Stoolmiller, M, Who disrupts from placement in foster and kinship care?. CHILD ABUSE & NEGLECT 30:4 409-424 (2006). Times cited: 65

27. El tema **ENVIROMENTE**, cuya red temática se muestra en la Figura 32, está relacionado con las palabras clave (o tema): *Psychological-Sense, Context*.

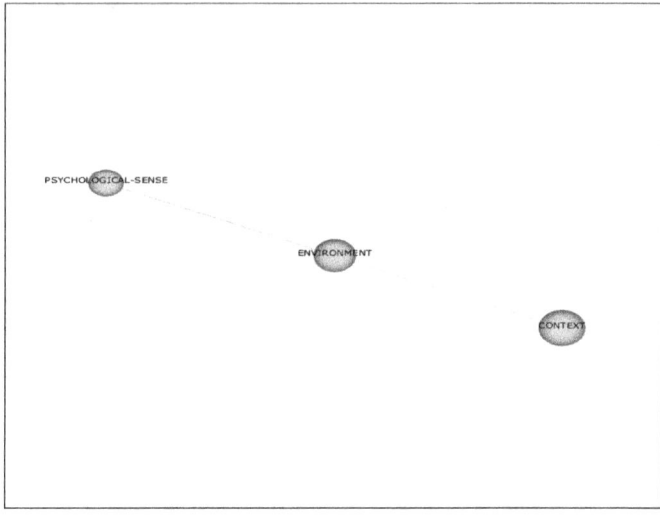

Figura 32. Red temática de ENVIRONMENT

Los tres documentos más citados del tema **ENVIRONMENT**:

Ialongo, NS, Werthamer, L, Kellam, SG, Proximal impact of two first-grade preventive interventions on the early risk behaviors for later substance abuse, depression, and antisocial behavior. AMERICAN JOURNAL OF COMMUNITY PSYCHOLOGY 27:5 599-641 (1999). Times cited: 147

Ross, CE, Jang, SJ, Neighborhood disorder, fear, and mistrust: The buffering role of social ties with neighbors. AMERICAN JOURNAL OF COMMUNITY PSYCHOLOGY 28:4 401-420 (2000). Times cited: 143

Kuo, FE, Sullivan, WC, Coley, RL, Brunson, L, Fertile ground for community: Inner-city neighborhood common spaces. AMERICAN JOURNAL OF COMMUNITY PSYCHOLOGY 26:6 823-851 (1998). Times cited: 83

28. El tema **FATHERS**, cuya red temática se muestra en la Figura 33, está relacionado con las palabras clave (o tema): *Men, Involvement.*

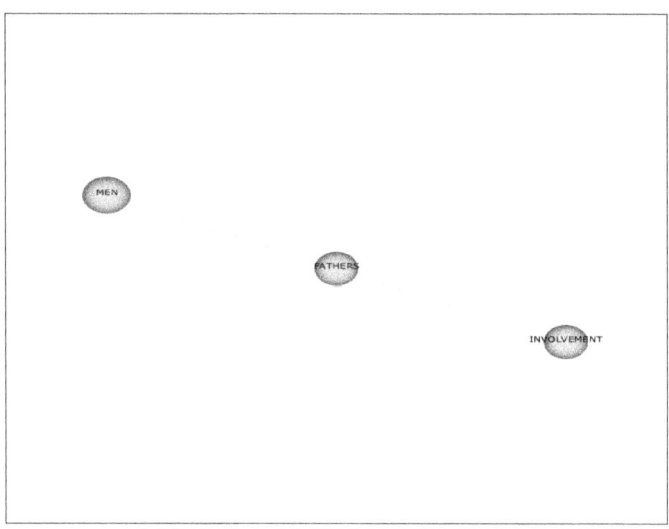

Figura 33. Red temática de FATHERS

Los tres documentos más citados del tema **FATHERS**:

JUMPER, SA, A METAANALYSIS OF THE RELATIONSHIP OF CHILD SEXUAL ABUSE TO ADULT PSYCHOLOGICAL ADJUSTMENT. CHILD ABUSE & NEGLECT 19:6 715-728 (1995). Times cited: 128

DOOLEY, D, CATALANO, R, WILSON, G, DEPRESSION AND UNEMPLOYMENT - PANEL FINDINGS FROM THE EPIDEMIOLOGIC CATCHMENT-AREA STUDY. AMERICAN JOURNAL OF COMMUNITY PSYCHOLOGY 22:6 745-765 (1994). Times cited: 86

Ryan, JP, Testa, MF, Child maltreatment and juvenile delinquency: Investigating the role of placement and placement instability. CHILDREN AND YOUTH SERVICES REVIEW 27:3 227-249 (2005). Times cited: 73

29. El tema **SCHOOL**, cuya red temática se muestra en la Figura 34, está relacionado con las palabras clave (o tema): *Achievement, Aggression.*

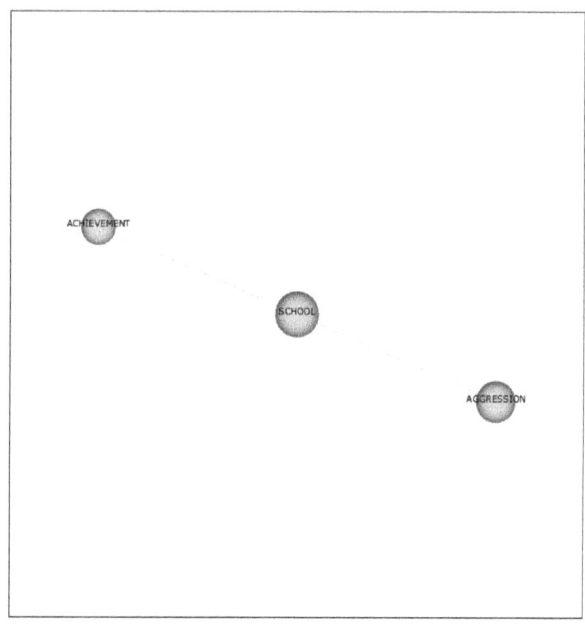

Figura 34. Red temática de SCHOOL

Los tres documentos más citados del tema **SCHOOL**:

Ialongo, NS, Werthamer, L, Kellam, SG, Proximal impact of two first-grade preventive interventions on the early risk behaviors for later substance abuse, depression, and antisocial behavior. AMERICAN JOURNAL OF COMMUNITY PSYCHOLOGY 27:5 599-641 (1999). Times cited: 147

Henry, D, Guerra, N, Huesmann, R, Tolan, P, VanAcker, R, Eron, L, Normative influences on aggression in urban elementary school classrooms. AMERICAN JOURNAL OF COMMUNITY PSYCHOLOGY 28:1 59-81 (2000). Times cited: 112

Durlak, JA, Wells, AM, Evaluation of indicated preventive intervention (secondary prevention) mental health programs for children and adolescents. AMERICAN JOURNAL OF COMMUNITY PSYCHOLOGY 26:5 775-802 (1998). Times cited: 80

30. El tema **SOCIAL-WORK-PRACTICE**, cuya red temática se muestra en la Figura 35, está relacionado con las palabras clave (o tema): *Strengths-Perspective, Issues.*

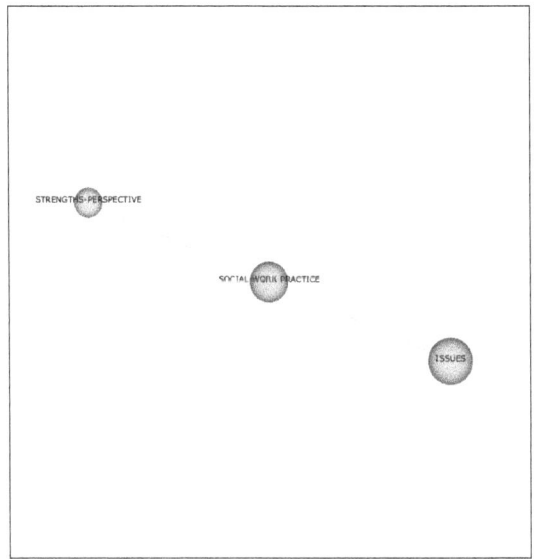

Figura 35. Red temática de SOCIAL-WORK-PRACTICE

Los tres documentos más citados del tema **SOCIAL-WORK-PRACTICE**:

Jemmott, JB, Jemmott, LS, Fong, GT, McCaffree, K, Reducing HIV risk-associated sexual behavior among African American adolescents: Testing the generality of intervention effects. AMERICAN JOURNAL OF COMMUNITY PSYCHOLOGY 27:2 161-187 (1999). Times cited: 84

Berkman, CS, Zinberg, G, Homophobia and heterosexism in social workers. SOCIAL WORK 42:4 319-332 (1997). Times cited: 71

McMillen, JC, Better for it: How people benefit from adversity. SOCIAL WORK 44:5 455-468 (1999). Times cited: 63

5. Conclusiones

Comparando los resultados presentados en este libro con los resultados presentados en el libro de análisis bibliométrico del trabajo social español [8], podemos extraer las siguientes conclusiones:

Análisis Cualitativo

1. **Temas motor**
   Nivel Internacional:
   HIVS/AIDS, EMPOWERMENTS, CHILD-SEXUAL-ABUSE, CARE, CHILDREN, SEXUAL-ABUSE, ABUSE, FOSTER-CARE, STREES
   Nivel Español:
   CHILD-ABUSE
   Conclusiones:
   - Se observa que dentro de los temas motores a nivel Internacional hay más participación que la Española ya que a nivel Internacional hay nueve temas y a Nivel Español solo uno.
   - CHILD-ABUSE que es único tema a nivel español en este cuadrante del diagrama estratégico es compartido en el mismo cuadrante a Nivel Internacional. A nivel español esta más considerado como tema motor ya que presenta una relación Densidad-Centralidad más alta que a nivel Internacional.
   - CHILDREN a nivel español se encuentra en el cuadrante de Temas básicos y tranversales ya que presenta menor Densidad que a nivel internacional.

2. **Temas bases transversales**
   Nivel Internacional:
   POVERTY, FAMILY-VIOLENCE, DELINQUENCY, DISORDERS, ATTITUDES, HEALTH-CARE
   Nivel Español:
   ADDICTIONS, SERVICES, BEHAVIORS, CHILDREN-AND-ADOLESCENTS
   Conclusiones:
   - Se observa que dentro de los temas básicos tranversales a nivel Internacional hay más participación que la Española ya que a nivel Internacional hay seis temas y a Nivel Español cuatro.
   - No comparten Temas en común en el mismo cuadrante por lo que las publicaciones españolas son muy diferentes a las internacionales en este tipo de temas.
   - El tema SOCIAL-WORK que no pertenece de lleno a esta categoría de temas porque también tiene presencia en temas de tipo emergentes o en descenso.

3. **Temas emergentes o en descenso**

   Nivel Internacional:

ENVIROMENT, RACE, SOCIAL-WORK-PRACTICE, FATHERS, INFANTS, SCHOOL, ADULTS

Nivel Español:

SPAIN

Conclusiones:

- Se observa que dentro de los temas básicos emergente o en descenso a nivel Internacional hay más participación que la española ya que a nivel Internacional hay siete temas y a Nivel Español solo uno.
- No comparten Temas en común en el mismo cuadrante por lo que las publicaciones españolas son muy diferentes a las internacionales en este tipo de temas.
- La mayoría de este tipo de tema a nivel internacional van destinados a diferentes tipos de personas como padres, niños, adultos.

4. **Temas muy desarrollados y aislados**

   Nivel Internacional:

   GAY, RETENTION, MANIAGE, IMPLEMENTATION, MORTABILITY, WELFARE-STATE

   Nivel Español:

   DOMESTIC-VIOLENCE, INTERCOUNTRY-ADOPTION, PARTICIPATION, SOCIAL-SERVICES

   Conclusiones:

   - Se observa que dentro de los temas muy desarrollados y aislados a nivel Internacional hay más participación que la española ya que a nivel Internacional hay siete temas y a Nivel Español solo uno.
   - No comparten Temas en común en el mismo cuadrante por lo que las publicaciones españolas son muy diferentes a las internacionales en este tipo de temas.
   - El tema de Violencia esta más desarrollado a nivel español ya que a nivel internacional se considera un tema básico transversal.

6. Bibliografía

1. International Federation of Social Workers. Definition of Social Work (http://ifsw.org/policies/definition-of-social-work/). Retrieved 20-01-2013.

2. International Associations of Schools of Social Work, http://www.iassw-aiets.org/

3. L. Beddoe. Investing in the future: Social workers talk about research. *British Journal of Social Work*, 41 (2011) 557-575.

4. R. M. Grinnell and Yvonne A. U. *Social Work Research and Evaluation: Foundations of Evidence-Based Practice of Evidence-Based Practice*. Oxford UniversityPress, 2008.

5. B.A. Thyer. A note from the editor: A comprehensive listing of social work journals. *Research on Social Work Practice*, 15(4):310{311, 2005.

6. Journal Citation Reports. http://thomsonreuters.com/journal-citation-reports/

7. E. Garfield. Citation analysis as a tool in journal evaluation. *Science, 178* (60)(1972) 417-479.

8. M. Ángeles Martínez Sánchez. Análisis Bibliométrico del Trabajo Social Español Basado en Mapas de Ciencia. Lulu Press Inc, 2015. ISBN 978-1-326-46327-4.